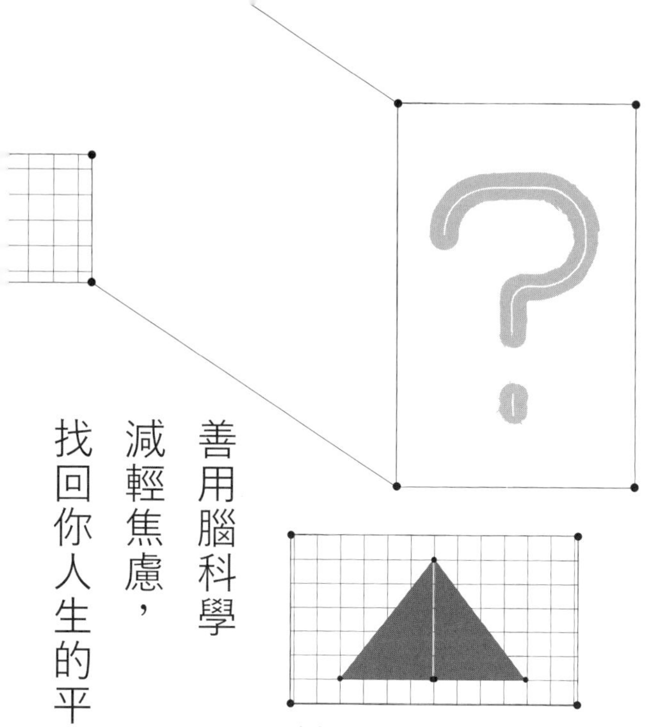

善用腦科學
減輕焦慮，
找回你人生的平衡

당신의 뇌는 서두르는 법이 없다

AUTHOR——梁銀雨

TRANSLATOR——林建豪

目錄

第3章 培養擺脫焦慮所需要的大腦習慣 053

—前言—

觀察我的大腦的時間

有兩名田徑選手肩並肩站在起跑點，他們是參加一萬公尺長距離競賽的選手，當告知出發的槍聲響起時，兩名選手便開始衝向終點。不過奇怪的是，一名選手的跑道沒有任何障礙物且平坦順暢；另一名選手的跑道則到處都是跨欄和水坑之類的障礙物，跑道有障礙物的選手雖然使盡全力衝刺了，但不是被跨欄絆倒就是掉入水坑，導致根本就無法提升速度，最後他筋疲力盡倒下且放棄了比賽。

生活中存在著焦慮就和田徑比賽設置障礙物沒有兩樣，就算想要跑快一點，卻因為障礙物而導致無法提升速度而束手無策。這樣的情況若是持續不斷，對於生活就會感到疲憊，人生也感受不到一絲絲的幸福或滿足，焦慮就像是會啃食生活餘裕的蛀蟲一樣。

曾經有一個人在回顧自己的過去後發現，他一直都活在焦慮當中，不管是職場生活或是離開公司開始自己想做的事情時，任何事他都急著想先看到結果，當出現不滿意的結果時，就會籠罩在不安的情緒且揮之不去。久而久之，人生就會一直都是呈現疲倦且煎熬的狀態，經常發

生物質上的損失，明明想要走捷徑，但多半都是事與願違反而繞了一大圈。為了想快一點升遷而換了公司，但卻反而落後其他同期或後輩，為了比其他人更快獲得經濟上的安定而投資，卻因此導致經濟狀況變得更艱困。

每當這一類的事情重複發生時，他就會哭訴自己明明努力生活了，但為何人生會如此不順遂。漸漸地他對世界與周遭的埋怨不斷累積且隨著時間的流逝，他開始鄙視自己是一個倒楣且沒有人緣的人，不僅難以找回自尊心，整個人生都是負面的，與他人之間的關係，以及對於人生的滿足度也很低。

就這樣有一天他突然明白想要更快、更早取得成果的焦慮反而降低了生活的品質，它也是造成自己繞遠路的根本原因。另一方面，他也終於知道急躁與焦躁的心會讓我們無法享受人生的餘裕，以及讓人生變得非常劣質。倘若沒有焦慮，人生說不定就會變得非常不一樣，他算是付出慘痛的代價獲得了寶貴的經驗。

經過很長一段時間後，他展開了自我管理的心境訓練，最終目標是把自己內心深處根深蒂固的焦慮連根拔除。儘管過程枯燥乏味且艱辛，隨著他反覆地執行心境訓練，籠罩內心的焦慮之霧也逐漸散去了，雖然不盡完美，但原本對人生造成干擾的焦慮有相當程度都已經清除了。

讀者大概早已經察覺到了吧，這裡所說的「他」就是筆者我本人，前面的故事並非他人的故事，而是筆者我自己的故事。我至今還沒完美克服焦慮，雖然偶爾還是會有受焦慮所苦的事情，但相較於充滿焦慮的過去，現在可以說是達到相當程度的變化。每當感到焦慮時，我就會利用過往學會的教訓調適心境，這是能更具餘裕牽引我人生的原動力，儘管不夠完美，但正視焦慮的實體且戰勝它的心境引導我邁向更滿意的人生。

回顧過往人生的同時，不禁讓人遺憾如果能更早一點領悟這件事，或許我的人生就會更不一樣吧？筆者帶著這份遺憾的心情，想要建議和筆者一樣習慣性焦慮的各位千萬不要重蹈覆轍，而這就是筆者編著本書的動機。

本書主要著重於管理焦慮的方法，導論是從概念層面說明何謂焦慮、焦慮在日常生活中是以何種型態出現，以及焦慮是如何摧毀我們的人生。另外筆者還提出當焦慮出現時立即調整焦慮的認知行動治療方法，後面還有說明利用深呼吸管理焦慮的方法。以及提出了透過提升自信與實踐力、正向的思考與確定自己的本質、明確分清楚該做的事與事情的優先順序，讓自己循序漸進擺脫焦慮的方案。由於焦慮是腦部形成的一種現象，本書的整體內容都引用了腦科學理論。

雖然擺脫焦慮花了相當漫長的時間，但從那一刻起我彷彿就像是擺脫枷鎖一般，就像是找到人生真正的自由。現在我都不太會感到焦慮，我的人生和精神也都變得更有餘裕。期望本書能讓飽受焦慮所苦的所有人能找回人生的自由，並且幫助大家能以正向的角度看待人生。

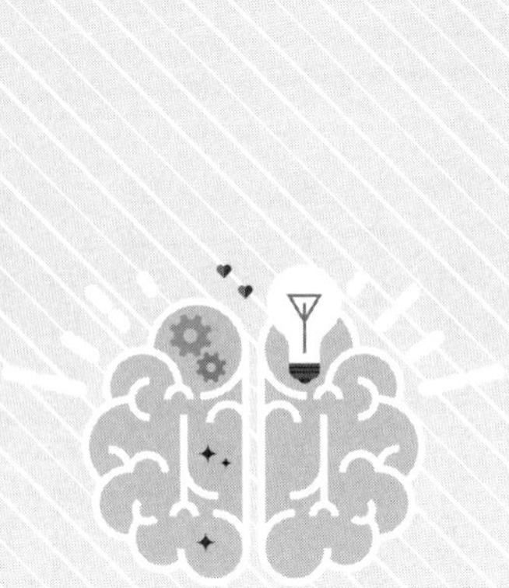

| 第1章 |

威脅日常生活的焦慮是什麼呢？

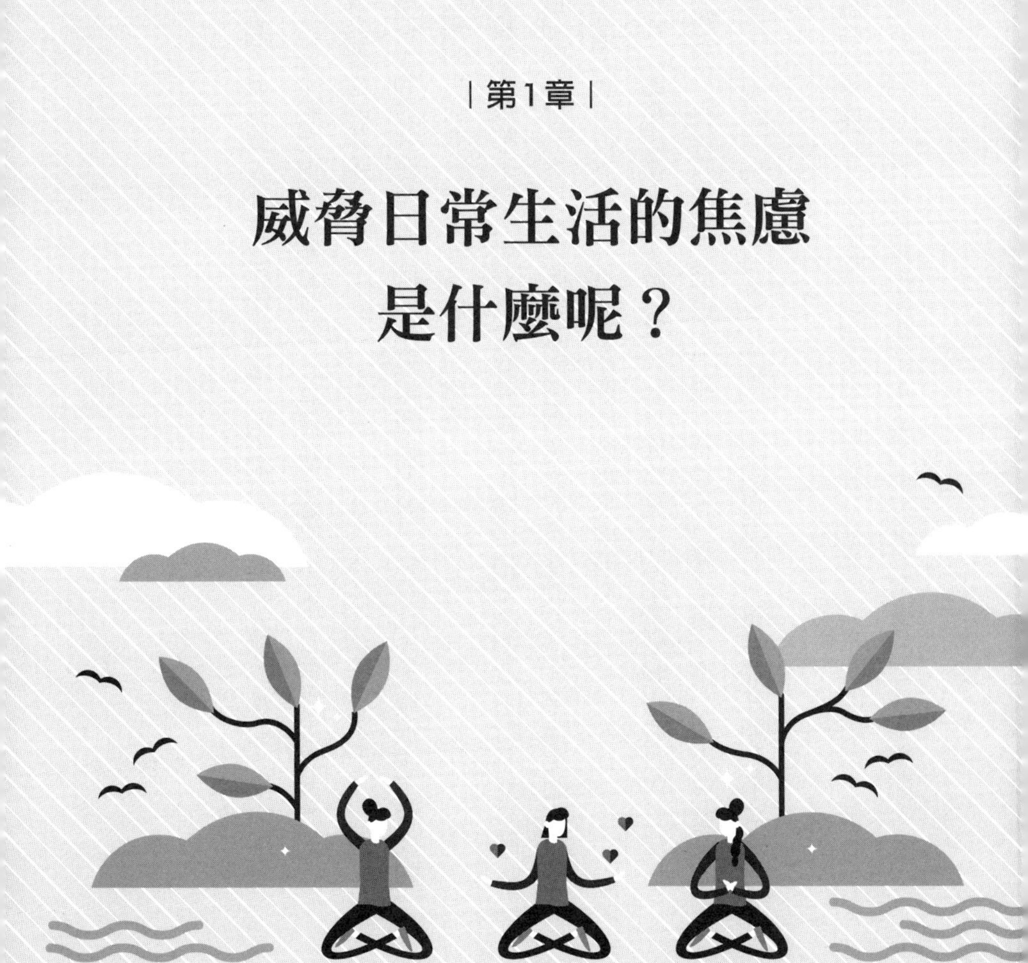

打穀

雖然有程度上的差異，但每個人都會感覺到焦慮，偶爾會嚴重到讓人難以承受，反之則是認為無關緊要。但卻無法完全和焦慮保持距離生活，就算是看起來很從容且行動很悠哉的人，隨著情況不同也可能成為焦慮的俘虜。

因為筆者不曾使用科學的方式測量過程度，所以很難掛保證，但現代人大概很少不會感到焦慮的吧。這也代表我們的生活處於一個容易焦慮的環境。

焦慮是什麼呢？一般人大概都不曾去思考過這個問題。焦慮是指當我們要進行某件事時，雖然很想好好表現，但卻因為擔心表現會差強人意而感到焦躁與不安的心情。字典上的定義是「忐忑不安、提心吊膽或擔心」，但光憑此一定義無法明確解釋焦慮的概念。

再次搜尋「忐忑不安」的意思後發現，解釋是「對於即將到來的事情感到憂心，內心變焦躁與不安」。所謂的焦躁可以說是將這兩者結合在一起的意思，也就是指「擔心未來會發生的事無法依照自己的心意順利進行，因此內心感到焦躁與不安的樣子」。事情無法順利解決或過度急躁導致內心不自在。

韓文焦慮這個詞語的由來與打穀有關係，和字典上定義的意思有非常大的差別，是「小米」和「打穀」結合而成的詞語。打穀是指把穀物的可食用部分從其附著的糠殼上鬆開。

不過，為何打穀這件事會衍生為意指忐忑不安的心情呢？小米外殼很堅硬，要讓小米穗脫離並非容易的事，如果不小心翼翼施力就無法讓小米穗脫落，反之如果過度施力可能會導致米粒彈落到其他地方。不同於其他農作物，小米打穀時不僅需要加倍的力量，米粒也不容易脫落，理所當然就會讓人感到心急。如果無法順利收成穀物，想必也就會很擔憂吧。

代表「忐忑不安與擔憂」的焦慮此一單字就是由此而生。

出現焦慮的情況

我們主要在什麼情況下會忐忑不安呢？試著舉出幾個會感到焦慮的例子吧。

- 大學入學考試即將到來，但需要讀的部分還很多時，一想到自己的進度落後其他同學，大概很難考上自己的理想目標時。
- 像最近很難就業的時期，大學畢業後無業的時間變長時，必須快點就業解決經濟上的問題，但卻一直遲遲無法突破瓶頸且周圍的人不斷注意自己時。
- 離職或因為多項因素而被解雇，導致失去收入來源時，雖然因為對於生活感到茫然而想要快點展開行動，但偏偏卻事與願違時。

- 朋友或一起進公司的同事比自己更快升遷，或者是能力更快受到肯定時。
- 想和心愛的對象結婚時，對方的反應卻很冷淡時。
- 好不容易存到一筆錢投資股票，但股價卻一直沒有漲，或是景氣變差反而導致股價下跌時。
- 有必須購買的物品，但當下卻沒有餘力可以購買，必須等到經濟狀況許可時為止。
- 孩子早就該回家了，但卻遲遲一直沒有回家時。
- 上課前大概無法回到教室的時候。
- 工作上有重要的約定，但卻因為塞車可能無法準時抵達，擔心交易會發生差錯時。
- 快要月底或年底了，但似乎無法達成既定目標時。

遇到上述的情況時大概每個人都會感到焦慮吧，除此之外日常生活感到焦慮的情況也非常多，如果要一一列舉出來大概會沒完沒了吧，現在就試著找出共通點吧。

首先有必須做的事情或是有想做的事情，受外部因素影響被迫進行，或是依照內部動機自動自發，有必須解決的事情或想要達成的目標。若是沒有必須做的事，內心就沒理由會感到忐忑不安，就是因為有必須做的事或是想做的事，才會感到提心吊膽。

第二個是擔憂事情會出錯的心情。若是認為大學考試、升遷、轉職、結婚、投資、小孩回家的時間、購買喜歡的物品、約定時間、業績等意圖的目標與實際結果不同時，內心就會感到忐忑不安，事情依照計畫順利進行時就沒理由擔心。

第三個是時間上受到限制或壓迫。完成工作或開始某件事的時間已經到了，但卻無法準時開始或完成，或者是時間可能會導致結果不如預期時就會感到焦躁。如果是尚未決定截止時間或開始時間的事情，隨時都能開始或結束，毋需刻意感到焦躁。

彙整後找出的共通因素如下。

- 有必須做或想要做的事情。
- 擔心事情會發生差錯。
- 感覺到時間上的限制或壓迫。

綜合這三項後發現，焦慮是有必須做的事或想完成的事，但擔憂時間上的限制或壓迫會造成結果出錯的情況下出現的，並不是因為急性子或耐心不足而出現的現象。

焦慮與急躁的差異

焦慮和急躁的意思一樣嗎？乍看下可能會認為兩個單字的意思相同，但嚴格來說，這兩個單字的意思不同。急躁是指「缺乏耐性且非常急性子」，英文是「impatient」或是「impetuous」等，完成某件事需要之最低程度的時間卻無法等待，想要更早得到結果而感到焦躁的心情。

簡單來說，它可以說是「缺乏耐性且過度急躁的心」。

反之，焦慮的英文是「anxiety」、「nervousness」或是「worry」等，從單字的語氣來看時，更接近擔心、憂慮或不安等的意思。不是缺乏耐性很急躁，而是更著重於「未能獲得想要之結果的憂慮」。如果要比較兩者的話，焦慮是「對於結果的憂心與擔憂形成的負面心境」，急躁則是指「為了取得結果而過度性急」。因此焦慮與急躁並非相同的意思，急躁的相反詞可以說是耐心，但焦慮的相反詞則更接近不擔心或遊刃有餘的心境。

另一方面，急躁可能會成為引起焦慮的原因。如果不會太急躁且從容地接受，大概就不會感到焦慮，但若是每一件事都很急躁，情緒可能就會轉變為焦慮。

被選為韓國人特徵之一的「快點快點」是屬於焦慮呢？還是急躁呢？「快點快點」的基本目的是縮短掌控的時間，因此可以說是屬於急躁的一種。按下咖啡販賣機後連十五秒至二十秒的時間都無法忍耐把手伸向取咖啡的位置、站在微波爐前無法耐心等待食物加熱而不斷看微波爐內部的行為、塞車卻急著想要向前移動等都是我們日常生活中常遇到的情況。

但是不會擔憂結果，這一類的情況屬於急躁。

反之，參加公務員考試或資格證考試等重要的考試前，因為擔心會落榜而忐忑不安無法專心讀書；或者是從年輕時就非常擔心年老後的生活；要做的事情很多，但時間嚴重不足而害怕無法完成，這一類的焦躁與不安的心情就可以說是焦慮。因為這一類的情況都對結果抱持著擔憂的心情。

儘管語意不一樣，一般人幾乎都把這兩個單字當作相同的意思使用，呈現急躁的情況下會使用焦慮，代表焦慮的情況下也使用急躁。本書要談論的並非急躁，而是焦慮。

精神與身體的反應

假設現在要和喜歡的異性約會，在前往約定場所的途中卻遇到了嚴重塞車，導致你大概會遲到三十分鐘左右，因為對方是自己的理想對象，因此不想錯過這樣的好機會，但遲到似乎會讓對方留下不好的印象。說不定對方會等不耐煩而回家，時間一分一秒過去了，但路途卻還很遙遠，於是你開始感到焦躁了，這種情況下我們的心境與身體會發生什麼樣的反應呢？

焦慮來自於腦部，腦部是由掌管呼吸、心跳脈搏、調整體溫等維持生命所需要的腦幹與喜怒哀樂等各種情緒的邊緣系統，以及主管理性與理論思考的大腦皮質三個部位組合而成。位於腦部最外側的是大腦皮質，最內側的是腦幹，大腦皮質與腦幹之間則是掌握人類所有感情與情緒的邊緣系統。

感覺到焦慮時最先反映的部位是位於邊緣系統內側的杏仁核，杏仁核會最先感覺到害怕、恐懼或不安等負面的情緒，然後會傳達至大腦皮質創造出情緒。焦慮是想達成的事情受到威脅時焦躁與害怕的心情，因此杏仁核會先感覺到，下視丘、腦垂腺與腎上腺皮質組成的壓力反應軸便會啟動。另外，腦部會把眼前的情況視為危機，為了解決危機而啟用交感神經。交感神經啟用後，呼吸與脈搏都會變快，血管收縮後血壓會上升，由於心臟脈搏變快了，內心會感到忐忑不安，血液聚集到心臟後，就會產生一股如同胸口被某個東西壓住般的鬱悶感。當肌肉變僵硬，身體就會感到痠痛與冒冷汗，腎上腺素與皮質醇等壓力荷爾蒙分泌後，緊張狀態就會更加嚴重。

杏仁核若是亮起警示燈，腦部為了解決問題，就會把所有的能量聚集在該部位。

控管理性與理論思考的大腦皮質與被稱為腦部ＣＥＯ的額葉的能量會被奪走分配在邊緣系統。

能量被奪走的額葉無法正常運作，因為無法集中精神，看起來就會像是失魂的狀態。理性的思考會麻痺或功能會明顯變差，犯下平常不會做出的失誤的頻率也很高。另外，控制肌肉動作的運動皮質會無法精巧地完成命令，造成難以執行精密的肉體活動。焦慮時難以將線穿過針也是基於此一原因。

焦慮也會讓無法從容早點出門的自己埋怨與自責，並且隱約感覺到氣憤與煩躁。因為額葉會失去控管的功能，導致我們不斷產生自責等的情緒，或者是對周圍的人洩憤，進而導致精神或肉體都無法維持正常的狀態。

出生於奧地利的加拿大生理學家漢斯．塞利（Hans Selye）以一般適應綜合症（general adaptation syndrome）把壓力反應彙整為三個階段，第一階段是出現上述的身體反應作為警告；第二階段是身體的神經與荷爾蒙發生變化抵抗，出現胃潰瘍等消化器官的疾病或高血壓等心血管疾病、支氣管哮喘等循環器官的疾病，以及飽受各種疾病折磨；最後的第三階段會因為倦怠（burnout）導致身體抗壓的能力耗盡。能量枯竭後就很容易生病，嚴重時甚至會罹患憂鬱症或不幸喪命。

焦慮如果變成習慣，就可能會轉移為一般適應綜合症的抵抗與倦怠階段。

沒有特殊原因卻感到心悸、焦躁與不安，做任何事都會質疑結果，這一類的症狀若是持續未改善，可能會變成決定個人性向的因素，在周圍的人眼中可能會變成無時無刻都很焦躁與不安的人。嚴重時可能會演變成焦慮症（anxiety disorder）等的重病，生活的品質也會明顯變差，生活可能會因為焦慮而被摧毀。

焦慮測試

看過本書的內容後你有何想法呢？試著檢驗一下日常生活中感受到的焦慮程度吧。看過下列項目後，確認相符事項的所有內容吧。

1. 無法耐心等待某件事，像是在醫院依照號碼等待診療或等待捷運抵達。
2. 經常認為時間不夠。
3. 明明沒有做任何事情，總覺得虛度時間很可惜。
4. 會不斷地想拿起手機。
5. 無法專心做一件事，會同時輪流做很多件事。
6. 經常會有毫無意義的擔憂。
7. 經常感到煩躁或因為小事生氣。
8. 難以等待到結果出爐為止。
9. 吃飯的速度總是比其他人更快。
10. 認為睡覺很浪費時間。

11. 經常會對結果感到有壓迫感。
12. 開車時只要塞車就會生氣。
13. 經常覺得一整天都沒做到事情。
14. 總是認為不做事會很不安。
15. 開車時特別容易遇到紅燈。
16. 很在意別人說的話。
17. 下班時間總是有種被追趕的心情。
18. 曾經有衝動想要以旁門走道或違法的方式取得成果。
19. 算是比較在意他人視線的類型。
20. 無法輕易開始會花費太多時間的事情。
21. 無法以廣範圍思考，而是以狹隘的方式思考。
22. 一直都過著被某件事纏身的日子。
23. 該做的事經常會拖延。
24. 有時候行動像是機會主義者。
25. 無法看內容太長的文章。

26. 經常會分心。
27. 就算要做的事情很多也無法專心。
28. 經常覺得心跳很快且呼吸急速。
29. 開始某件事時經常無法輕易放棄。
30. 比其他人更貪心。

✦ 診斷結果

上面列出的項目全都是焦慮的症狀或是與導致焦慮之原因相關的內容，因此，如果相符的項目越多，可以說日常生活中就會受焦慮左右。如果相符的項目超過十五個以上，日常生活中受焦慮折磨的可能性很高，如果接近三十個就可以說是很嚴重。

| 第2章 |

焦慮對生活造成的影響

該如何改變焦慮的人生呢？如果相同情況下有人依舊能保持餘裕和從容的態度，那就有人會忐忑不安與焦急。因為受到多元化的因素影響，每個人會做出的行動也就可能不一樣，但大致上會有下列的特徵。

驚慌失措最後一事無成

額葉位於腦部的最前方，其功能之一就是預測必須做的事情的結果，在決定先後順序後予以執行。如果陷入焦慮當中，額葉的這一類功能就會被情緒中心邊緣系統搶走主導權，難以決定事情的先後順序，也無法專心做一件事。

為了擺脫眼前的情況，不會制定有系統的計畫執行，而是採用較即興的處理方式。

當眼前出現好幾個必須處理的事情時，因為不清楚該以哪個為優先而驚慌失措，最後導致一事無成。無法一次專心完成一件事，每一件事都以敷衍的方式草率處理。當內心感到不安與焦躁時，就會無法選擇和專注，每一個事物看起來都很重要且不該捨棄。

舉例來說，假設有一名大學生在期末考一星期前必須執行主修課程與通識課程，在這種情況下沒有感到焦慮與感到焦慮的處理過程圖式化後如圖一。

如果沒有感到焦慮，就會和圖一一樣，完成一項課題後才換另一項課題。

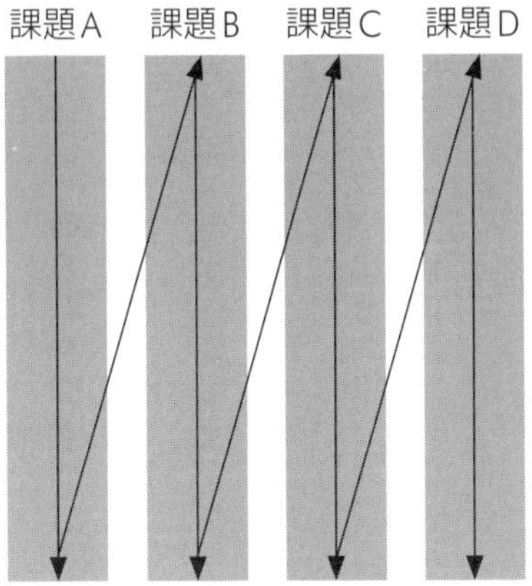

圖一　**沒有感覺到焦慮的狀態**

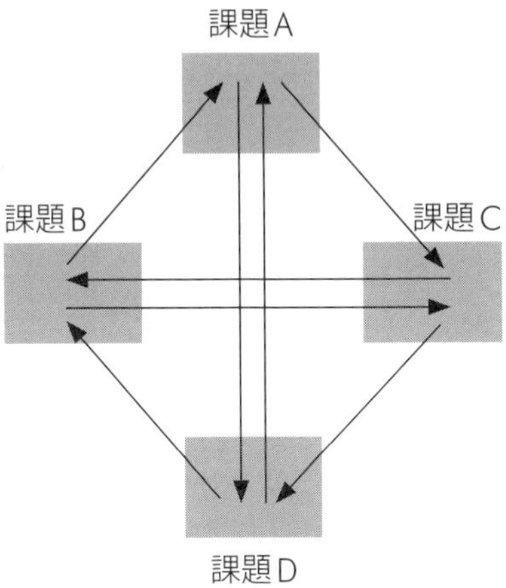

圖二　**感覺到焦慮的狀態**

但如果是感覺到焦慮就會和圖二一樣，連一個課題都無法完成，不斷地隨機換其他課題。當進行一件事時，就會認為另一件事比較重要，換成另一件事時就會認為另一件事更重要。最後就只能在事情與事情之間不停地來回，儘管時間就這樣一點一滴流逝，終究未能完成一件事，當然也就不會有任何成果。

經常分心做其他事

驕傲與不安的心情一定會擾亂專注力，專注力若是被擾亂就會無法專心進行同一件事，而且也會一直分心做其他事情。進行課題時突然打開網頁搜尋沒有相關的新聞，或者是使用YOUTUBE搜尋有趣的影片，也會看完全不需要的購物中心，看書看一看卻因為分心而想不起來剛讀過的內容。就算沒有來電或訊息，也是不斷地拿起手機看，也會再次點擊剛才看過的信箱；突然想喝水或是拿起平常擱置在一旁的書，看起來就像是專注力有障礙一樣。

隨著越是擔心結果，就會下定決心更努力專注於課題，但若是內心感到焦躁與不安，就會因為毫無意義的行為而浪費許多時間，這是因為需要獲得心理上的安慰。若是有必須完成的事，就會呈現緊張的狀態，心情也會因為壓力而變得相當不安。此時只要網路購物或玩遊戲就會讓心情好轉，這是藉由逃避該做的事情避開讓心情變糟的情況，稱為心境修復（mood repair）。卡爾頓大學心理學系副教授佩奇爾（Timothy Pychyl）說把眼前的事情延後是一種能調適心情的有效方法。

它是一種獎勵心理或補償效應，以這樣的方式來消弭不安與焦躁的心情。像這樣沉浸於心境修復，就算長時間坐在椅子上，專心的時間也不多，而且只會毫無意義的浪費更多的時間。就算一整天都坐在椅子上，當一天進入尾聲時根本就想不到自己到底做過什麼事情。

這一類的生活模式會讓每天能使用的時間變得非常短，相對比較能專心的上午和下午都會無法集中在該做的事情，到了下午三、四點才會突然驚覺想到自己該做的事。以運用一整天的時間來說，完成度相對較低是理所當然的。通常強烈焦躁與不安的人都會有因為小小的成就而滿足的傾向，虛度每天大部分的時間，僅僅只有幾個小時能集中注意力，當專注力耗盡時，就會一副彷彿自己做了相當厲害的事情一樣的感到滿足。

這種逃避狀況的方式隨著時間越久，只會導致負面情緒變得更加劇烈而已。

因為分心做其他事情就等於是延後現在應當做的事，被延誤的事日後就會如同迴旋鏢一樣，投擲出去後又再次飛回來，對我們造成負面的影響。在一項實際以大學生為對象進行的研究中發現，上學期玩樂時間多於讀書時間的學生剛開始壓力較低且看起來相對健康，但相反地，進入下學期後此一現象就會逆轉。雖然利用心境修復的方式能暫時讓心情放鬆，但那只是暫時避開讓自己不舒服的情況的一種騙術而已。當這一類的情況累積越多，就會擴大變成強烈的焦慮，如果感覺到自己經常分心做其他事，雖然可能是專注力失調，但也有可能是焦慮所使然。

沒有任何發展

一名男子在森林遇見了樵夫，樵夫正在使用鋸子砍一棵大樹，不過男子仔細看後發現，樵夫的行動顯得有些不自然，他看起來似乎過度施力了。稍微再靠近一點後才知道，原來樵夫的鋸子早已變鈍了，使用那樣的鋸子大概很難砍倒樹木吧。

男子實在看不下去便對樵夫說：

「我認為鋸子太鈍了，你就稍微休息一下，順便把鋸子磨鋒利一點使用會比較好砍吧。」

接著樵夫如同訴苦般地對男子回答說。

「我也很清楚，但我根本就沒有時間，因為必須快點砍倒這棵樹，才能製成木材拿去賣呀。」

只要挪出一點空閒時間把鋸子磨鋒利應該就能砍更多的樹木，只想著快點砍倒樹拿去賣的焦躁心情卻讓樵夫變笨了。韓國有這麼一句話「不管怎麼忙碌，把針綁在腰際上也無法派上用場」，因為忙碌而不把線綁在針上且只是掛在腰際上，這樣根本就無法縫紉。強烈的焦慮感就和這種情況沒有兩樣，無法獲得好的成果，就算運氣好有所收穫，大概也難以達到期待的標準。

想要把一件事做好，掌握本質是很重要的條件，但如果心急焦躁的話，在達成本質前就會遭遇到緊急的問題，不但無法搞清楚重點，也會錯失核心。由於缺乏理性的思考與合理的判斷，失誤會越來越頻繁，也難以獲得令人滿足的結果。

朴景利作家的《土地》從執筆開始到完成為止中間有一段空窗期，總共花了二十六年的時間；趙廷來作家準備了四年，歷經六年的執筆時間終於完成《太白山脈》，為了一部作品投資了十年的時間；黃晳暎作家著作的《張吉山》從一九七四年到一九八四年歷經十一年的時間在報紙上連載，要在如此漫長的時間寫文章應該不是容易的事情，倘若他們都為了匆忙出書而感到焦慮，說不定我們就看不見這些偉大的傑作了。

韓式味噌醬與醬油越陳年其呈現的味道越深沉，時間不長的醬都無法呈現深沉的味道。經歷長時間才能讓食材散發其本來的味道，唯有達到發酵才能獲得令人滿意的味道。剛醃漬的泡菜呈現新鮮的味道，但卻無法呈現醃漬已久的泡菜那種深沉的味道。長時間熟成的醃漬泡菜與任何一種料理食材都非常搭，但剛醃漬的泡菜卻無法搭配其他食材，只會呈現自己本身的味道。葡萄酒與威士忌同樣也是如此。

有一個現象稱為時間壓縮的不經濟（Time-compression Diseconomy），這是指如果為了壓縮時間而逞強一口氣做許多事，和投入時間細心執行時的效率相較下顯得較低落的現象。為了縮減建築物的空氣而在水泥凝固前堆疊牆壁，可能會導致牆壁就這樣倒塌且必須重新堆疊。從效率層面來看時，比起一開始就按部就班細心進行時還要明顯更差，結論就是，如果不投入時間就很難獲得令人滿意的成果。

焦慮就像這樣不僅會讓結果的品質變差，同時也會降低個人的力量，這是每一件事都沒有深入進行且只是點到為止，無論過了多久的時間，實力都不會增長的關係。

力量大致上與時間成正比的關係，隨著時間的過去會累積經驗值，透過經驗就能獲得過去未能擁有的力量，而這就稱為祕訣。日後若是突破某個臨界點，力量就會以等比級數的方式增加。所謂的專家、精通（mastery）就是透過此一過程進化而成的。

力量想要達到專家水準有一定的條件，因此不能虛度光陰，必須時時刻刻都全力以赴努力追求進步。將自己擁有的力量發揮到淋漓盡致，並且從成果中獲得領悟。

唯有懂得省察與反省，付諸行動把結果反映在下一次的事情，才能夠持續地提升力量。如果每件事都一味地只想追求結果而敷衍了事，無論花多少時間都無法提升力量。

開車行駛高速公路與穿越有許多岔路的都市從效率層面來看時有非常大的差異，高速公路沒有必須停下來的紅綠燈，短時間內可行駛較長的距離；反之，在岔路多的市中心就必須經常停下來，因此無法提升速度，就算長時間行駛也無法跑太長的距離。假設沒有塞車，就算行駛相同的時間，在高速公路能行駛的距離也會遠遠超過市區，油耗也會有明顯的差異。運用相同的資源不僅效率不同而已，也對汽車的性能與壽命造成莫大的影響。

焦慮就和在複雜的市區開車沒有兩樣，三心二意無法專注於同一件事則和經常停在岔路一樣難以期待有好的效率，就算長時間進行也難以培養專業性。

焦慮也會對我們要做的事情的難度造成影響，進而阻礙力量的發展。

倘若因為想要快點得到結果而心急，那就注定只能做簡單的事情，超過自己能力範圍的困難事情當然就會花費很長的時間。感到焦慮時就會很難耐心熬過這段漫長的時間，因此，為了短時間內完成事情，就會一味地只找簡單的事，或者是漫不經心敷衍了事。

自我啟發的暢銷書《恆毅力：人生成功的究極能力》中也不斷地強調持之以恆的忍耐，也就是毅力。不過，如果強烈焦慮就會無法發揮毅力，雖然必須持續地深入專注於一件事，藉此從中獲得洞察力，但通常都會在專心投入之前停止，所以很難獲得洞察力。如果連一件事都還沒完成，三心兩意每件事都只是碰一下，就無法加深洞察力，就算漫長的歲月過去了，實力也只會一直原地不動。

不斷地找藉口

如果莫名地感到焦躁與不安，執行力就會變差。不會適時地進行該做的事，很容易就會不斷地拖延或找藉口敷衍，看起來就像是偷懶或優柔寡斷。從另一個角度來看時，懶惰也可能是引起焦慮的原因，但從結果來看時，強烈的焦慮會導致人變懶惰。當一個人受焦慮所困擾時，會把進行某件事投入的時間視為浪費，執行時會感到猶豫不決，因為本人會擔心自己這段期間無法做其他事情。當有這樣的想法時，就會把該做的事延後或是企圖找藉口讓延後的行為合理化，開始做些毫不相干的事或是以逼不得已的方式找藉口。

舉例來說，在著作本書的期間，我的伴侶犬伊瑟的眼睛發生了問題，雖然白天都沒有異常，但每天晚上一個眼睛都會充血變紅，讓人相當擔心。就算去平常會去的動物醫院接受過好幾次檢查，依舊找不到根本的原因，於是我便決定去綜合醫院。不過，在出發前我突然想到帶伊瑟往返醫院，以及等待看診等大概需要不少的時間吧，在這段時間內我當然就無法做其他事情，明明想要快點寫好書，但卻沒有想像中容易，一想到會因為焦慮而浪費半天或更多的時間，頓時就失去了動力。當時我腦海中浮現了這一類的想法。

「今天應該會有很多人，大概很困難吧，改天比較閒的時候再去吧。」

「不會有事的，之後進行綜合檢查時再一起檢查就好了。」

「說不定今天沒有預約會很難排，可能會白跑一趟，先預約看診，明天再去吧！」

雖然我想出了各種不能帶伊瑟去醫院的理由，但終究只是因為焦慮而把無法付諸行動的情況合理化罷了，最後去醫院的時間被延到非常久以後，治療時間也就變晚了。

像這樣感到焦慮時就會無法正常做事，同時會陷入自我合理化的陷阱。

被不當的事情誘惑

這樣的表達方式或許會讓人感到不愉快，但強烈焦慮的人看起來就像是機會主義者，所謂的機會主義者（投機主義者）不會保持一貫的立場，會依照情況的變化而傾向有利的一方。如果想快點得到結果的想法很強烈，當進行某件事的過程中發現另一件事能更快解決，或者是會有更好的結果時，就會捨棄原本手上進行的事情。就像是站在遊樂園售票處或機場安檢處大排長龍的隊伍中反覆地往較有利的那一邊移動一樣。

試著以就業為例子說明吧！大學畢業後有好長一段時間都是無業狀態，在內心感到焦躁與不安之際表示自己想在A公司上班的意願，A公司的規模不大，薪水與福利也不算好，而且以前自己都認為那間公司很糟糕。再等一段時間說不定會有條件比A更好的公司錄用自己，但因為實在太不安了，總覺得拒絕A公司的提議後就不會再有其他機會。大概還是得去A公司，同時也很感謝A公司錄用自己。

令人遺憾的是，在正式上班的前幾天B公司傳來聯絡說自己錄取了，B公司的規模不僅比A公司更大，薪水條件與福利也明顯優於A公司，同時也是自己一直都很嚮往的公司。面對這樣的情況大概會很煩惱，經過一番猶豫，為了遵守義氣可能會繼續選擇A公司，但也有可能放棄A公司而選擇B公司。雖然因為焦慮而選擇了A公司，但當認為B公司對自己更有利時，就很容易會猶豫且難以抉擇。

這樣的行為在其他人眼中可能會被視為是專門找對自己有利的事的投機主義者，焦慮越是強烈，這一類的傾向就會越明顯。可能會被視為難以捉摸、沒有主見的人，更嚴重一點，可能會被視為只追求利益、隨時都會改變立場且無法信賴的人物。焦躁、不安，以及對於結果的恐懼會阻礙理性與合理的思考。

若是內心無法放鬆且感到著急，可能會做出違背倫理的行為，嚴重一點甚至會做出違法的行為。當出現無法和暗戀的對象交往的不安，以及不想放手的焦躁時，可能會做出傷害對方的行為；假設某人從小生長在極度貧困的環境，當想要擺脫貧困的念頭讓自己感到焦慮時，很可能會因為執著於輕易賺錢的方法而迷失自我；參加重要考試時深怕考差的不安感也會讓人禁不起不當行為的誘惑；對於升遷感到焦慮時，可能不只會阿諛奉承或拉攏關係，甚至會做出行賄的錯誤行為。

在公司時亦是如此，若是因為未能獲得上司的認同而焦躁與不安，可能會因此而搶奪同事的績效或是把他人的創意占為己有；若是急著想要比競爭公司更早研發出新產品，可能會做出竊取規模較小的中小企業的創意、靠關係或行賄等的違法行為。另外，採取投機取巧的方法也可能造成負面的結果。舉例來說，建蓋建築物時施工時間比計畫的更久，導致施工者感到相當焦慮，為了能趕上工期而刻意忽視既定的工程程序或作業需要的時間，為了隱瞞此一情況，可能就會向監督管理的機關行賄。公司發生的所有事件都是因為此一因素引起的。

當然並不是所有人焦慮時都會被負面或違法等的誘惑蒙蔽雙眼，相信也有很多人會努力堅守應有的原則，但過度心急時往往都會失去理智的判斷。當理智被必須先完成的工作逼迫控制，就會被不當與違法的方法所誘惑。

目光變狹隘

焦慮症狀嚴重的人大致上都會被自己的事情纏住，無法掌控周圍的情況或是失去觀察他人的餘裕，就像是看不見在一旁奔跑的其他馬匹，戴上眼罩一心只朝著終點奔跑的賽馬一樣。

這一類的人只會盲目地看著前方奔跑，而這就稱為隧道視覺效應（tunnel vision），隧道視覺效應是指看不見整個大局只能看見部分受限的思考與視覺。由於進入隧道後左右都是封閉的狀態，不管怎麼努力也看不見周圍的狀況，在隧道內部只能看見遠處的出口而已。隧道視覺不同於專注和投入，專注與投入是一邊觀察周圍，為了達到和諧而尋找適當的位置進行該做的事情。不過嚴重焦慮的人卻沒有多餘的心力去觀看周圍，因此既無法找到屬於自己的位置，也沒辦法與周圍形成和諧。

以投資股票為例，雖然可以保持從容的態度，站在長期的角度邊觀察邊尋找適當的股票，但如果急於想快點獲得成果，就無法以更深遠的目光來看待。明明有比自己選擇的企業更棒的公司，卻沒能發現且逞強去投資，虧損時也想不到合理的應對方案，只是不斷地執著於自己的股票，不斷地在原地打轉找不到出口。

目光若是變狹隘，在多方面觀點思考的能力就會變差，觀看情況或問題原因的觀點，以及尋找解決之道的方向也都無法從多元化的角度著手，只會盯著同一個方向，思考的範圍就會變狹隘，思考力與判斷力理所當然就會變低落。解決問題的戰略性思考當中，最重要的就是從系統性的觀點正視問題，這個世界上的所有問題都銜接著另一個問題，有肯定性的正向層，往往也會有否定性的負面層。就像是食物鏈的一個層面如果改變，整個生態界就會發生變化一樣，一個問題會與另一個問題連接，解決一個問題後，可能會衍生另一個問題。

英國殖民時期的印度曾經一度因為眼鏡蛇而造成嚴重的傷亡，為了解決此一問題，於是便實施了只要捕捉眼鏡蛇就會提供獎金的政策，後來大家都為了領獎金而努力捕捉眼鏡蛇，眼鏡蛇造成的傷亡情況也大幅度減少了。但隨著時間越久，捕捉眼鏡蛇領獎金的人也增加了，甚至有人為了領取獎金而設置農場飼養眼鏡蛇。政府明白問題的嚴重性後就廢除獎勵政策，後來大家就把已經失去任何價值的眼鏡蛇隨便放生，結果造成的傷害比實施獎勵政策之前更嚴重。

就像這樣當一個問題解決後，可能會引起另一個問題形成連鎖效應，因此解決問題時不該漠視整個系統的層面，換句話說，不要把問題視為獨立的個體，要從整個系統的觀點來看，必須站在整體的觀點掌握解決問題造成的影響後予以應對。

陷入焦慮的人無法從考慮到全盤的觀點正視問題，只會在意眼前看見的情況，雖然可以對沒看見的另一個問題置之不理，可能會以無厘頭的方式解決問題，或者是只解決一部分等降低成果的品質。

目光狹隘者的另一個缺點就是，總是無法率先行動，只能一昧地跟在別人後面。

抓魚的訣竅之一就是，不能一直追著魚跑，而是要守住魚會通過的路口，必須將漁網設置在魚可能會經過的路口，然後驅趕魚或是等待魚經過。因為焦慮而導致目光變狹隘的人看不見路口，只會盲目地追著魚跑，當內心的閒適消失時，就會難以耐心等待。當失去耐心等待時，能採取的行動只有追趕眼前的事物而已。

想要率先等待某個事物，就必須自己發揮無限的耐心，需要自我節制的能力。掌控自制力的人能引導整個局勢，失去自制力的人只會被情況牽著鼻子走而已。

我們生活周遭都會有經常被某件事糾纏困擾的人，這一類的人通常進行某件事的成果都會較差；反之，也有平常看起來游刃有餘且辦事效率佳的人。兩者之間的差異就在於，是站在前面等待呢？還是從後面追趕呢？

若是想要把人生引向成功之路，自制力（self-control）是很重要的一項條件，而這早已是廣為人知的事實。無法自制的人通常都沒辦法長時間忍耐，想要等待就必須具備能預測遙遠未來的慧眼。唯有望向遠處探測變化的流動才能看見路口，投資的鬼才華倫·巴菲特就是能看到遙遠未來的代表性人物，他不僅擁有優秀的技術，同時也能篩選評價差的公司，以長遠的目光進行長期投資，然後帶來驚人的成果。另一方面，投資股票虧錢的人大部分都是無法等待的人，追求短時間的利益，無法適應變化的情況，投資的錢就這樣飛走了。

人際關係變困難

當焦慮讓額葉的功能變差時，對於情緒的調適也會造成影響。額葉會調整來自邊緣系統的各種情緒和抑制衝動，無法控制情緒就和禽獸沒有兩樣，無論發生多麼令人氣憤或煩躁的事情，都應該要依照情況而能夠忍受；不管發生多麼開心快樂的事情，都必須能控制那份情緒。負責此一功能的就是額葉。

焦慮是邊緣系統亮燈的狀態，習慣性焦慮的人其腦部就等於是經常響起警報，就像是已經充滿氣體，只要觸碰一下就會爆炸的汽球。當邊緣系統亮燈時，額葉的功能就會變差，無法控制負面情緒的可能性就會增加。倘若不安與焦躁的心情持續不斷，為了消除這份情緒就會釋放能量，對周圍的人感到煩躁、說話粗暴，或者是因為瑣碎的小事情而發脾氣。

但一般來說，因為焦躁或不安而煩躁或發脾氣時，對方多半都不是引起焦慮的原因。自己偷懶導致重要約會遲到，於是急急忙忙開快車，途中卻對正常閃方向燈換車道的人爆粗口，此一情況就屬於這一類的例子。對毫不相干的無辜者宣洩情緒。

如果周遭的人會莫名其妙生氣或經常感到煩躁，大家當然不可能會喜歡那個人，只有當事者會知道自己煩躁的理由，但受到波及的人卻會感到心情受創。

所謂的人際關係可能會因為小事情而變好，卻也可能會因此而變糟。

一句體貼的話能讓人際關係變好，無心說出的一句話也可能摧毀付出心血累積的關係。心急與不安時說出的話不可能會好聽，雖然可能是沒有其他意思脫口而出的話，但對方的心情卻可能會因此而受創。如果和對方是能理解自己處境的關係，大概就不會在意且輕描淡寫帶過，但對方更可能是不懂自己狀況的人，這樣不僅會讓周圍的人感到疲憊，最後也會導致人際關係破裂。

舉例來說，戀愛技巧不純熟的人大致上都容易焦慮，無法從容地等待對方敞開心房走過來，往往都會因為過度急躁而搞砸一切。這一類的人無法耐心與從容等待，只會執著於尋找能快點擄獲對方芳心的方法，送對方會喜歡的昂貴禮物、請對方吃平常根本就不可能會吃的高級食物、減少睡眠時間送對方到某個路程遠的地方等竭盡所能獻出殷勤。因為自己已經竭盡所能付出了，於是就會希望對方也為自己付出一切，而這就是所謂的「戀愛急躁症」。

當這一類的心態根深蒂固時，就會不斷地想向對方確認「你對我有何看法？」、「我對你來說是何種存在呢？」之類的，或者是斬釘截鐵認為「你愛我的程度似乎沒有和我一樣多！」。如果對方因為重要的約會或行程而無法見面，就會發飆或完全不考慮對方立場且不斷地傳訊息確認對方在做什麼。若是對方沒有回應，就會以挖苦的口氣說：「有那麼好玩嗎？都不回訊息？」或者是質疑對方說：「你真的是在〇〇嗎？」

偶爾對方體貼說：「你應該很累了，早點回去休息吧！」你卻會誤以為是對方討厭你才會要你早點離開，並且一臉難過的回應說：「你希望我早點回去嗎？」、「我覺得你好像變了。」甚至會說自己為對方付出那麼多，但對方付出的程度卻遠遠不如自己，並且以審訊的態度逼問對方說：「你到底為何和我交往呢？」

但要擄獲他人的芳心有那麼簡單嗎？完全不考慮對方的感受，自己盲目地向前全力衝刺，同時又期待對方配合自己的步調，這樣的行為當然就只能說是過度的貪心。如果自己衝太快，對方就會亂了步調而疲憊不堪，如此一來對方在感情上就會筋疲力盡，同時產生無法繼續在一起的念頭，兩人的關係會就這樣走向終點。像這一類過度急躁的想法反而會讓心愛的人離去。

人際關係最惡劣的情況就是被孤立，焦慮會讓自己疲憊，但同時也會讓周圍的人煎熬難受。如果每件事都處於焦躁和不安的狀態，旁人可能也會被那股情緒傳染。

現在假設和朋友們一起去旅行吧，大家都滿心期待顯得相當雀躍，但卻有一個人擔心會下雨、擔心住宿處不方便、擔心無法準時趕上車、擔心會發生危險的事情等，每件事都顯得戰戰兢兢，這樣其他人會覺得舒服嗎？起初認為無所謂的人隨著時間過去就會變得很在意那個人，內心也會覺得不舒服，最後甚至感到煩躁。

原本愉快的旅行以不合收場，一起旅行回來的朋友也會表示往後不再和那個人一起出遊，同時留下不愉快的記憶。

同團的人很可能在短時間內都會陷入相同的情緒狀態，而這就稱為「情緒傳染」。如果待在開朗和愉快的人身旁，自己也可能會因此有好心情；但如果待在陰鬱與生氣的人的旁邊，就會有心情變糟的感覺，而這就是情緒傳染造成的結果。

周圍如果有罹患焦慮的人，身旁的人大概都會有「只要和這個人在一起就會焦躁和不安」

或是「和這個人待在一起就會無時無刻覺得心情很糟」之類的想法。

如果這一類的事經常發生，累積的疲勞感就會讓人對他避而遠之，久而久之就會出現慢慢保持距離的人，周圍的人會漸行漸遠，自己終將會被孤立。

繞遠路

焦慮會讓人捨棄正常的路徑，被捷徑的誘惑吸引。不會細心追究，被眼前的成果迷惑，就這樣撲向誘餌。如果事情僥倖順利解決是好事，但絕大部分都會發生差錯回到原點，稍微想要再加快速度，結果卻回到原來的位置必須重新出發。反而可能會獲得比正常程序更差的結果。

二〇一四年九月我寫了名為《高句麗股份公司》，那是一本以高句麗歷史為背景，引導出企業經營相關啟示的書籍。經過長時間的執筆後終於完成，於是我便把原稿送去多間出版社，令人訝異的是，只花了一天的時間就有出版社聯絡說想和我簽約。當時因為無法控制焦慮的心情，很快就和該出版社簽約了。但當時我明明有穩定的工作，根本就沒有理由心急，依照常理來看時出版日期也太趕了。對原稿非常執著的出版社表示會答應我的要求，後來我就和先提議的出版社簽訂契約。

很不幸的是，後來的行程沒有依照計畫進行，或許是早已簽約的關係，出版社開始以各種不同的藉口拖延時間。當初簽約時明明信誓旦旦說三個月內就會出版，但簽完約後卻改口說因為已經有預定的出版計畫，要在三個月內出版太困難了。

隨著日子一天天的過去，當初約定好的出版日期也變得遙遙無期，這段時間有其他的出版社表示說要合作，但我也只能全都拒絕了。最後我對出版社失去了信賴，出版合約也在雙方協議之下取消了，雖然已經過了好幾個月，但書的出版完全沒有進展，所以只能回到原點。

仔細想想，我明明就沒有理由心急，卻因為焦慮而過度急躁，汲汲於想要快點出版的行動卻導致我繞了更遠的一條路。六個月後與初次合作的出版社解約，我就開始尋找其他出版社，但過程並不容易，我主動再次聯絡原本表示有意願的出版社，但或許是先前回絕的關係，對方都拒絕了我。不過畢竟錯在於我，我也沒資格責怪他們。一年後我終於透過其他公司出版了書，但出版的時間卻比一開始晚了非常多，想要更快一點的想法反而讓我繞了一段更遠的路。

焦慮並不是免費的，焦慮一定會讓我們付出代價，雖然該做的事情迅速處理是很基本的，但若是被焦慮此一因素介入的話，事情可能反而會被一拖再拖。當情緒陷入不安與急躁時，完成的事情就會和使用沙子堆疊成的城堡一樣，受到輕微的碰撞很容易就崩塌，這樣就必須從頭再來。讓我們反而得繞更遠的路，導致人生過得很疲倦的就是焦慮。

它也會造成我們在物質上的損失，投資股票就是一個例子，相信有投資股票經驗的人都很清楚，通常我們從購買股票的那一刻開始就會呈現焦慮的狀態。試著假設自己購買的股票有一天突然暴跌，當事者大概會陷入恐慌的狀態，如果接下來幾天都還是暴跌，那一定會徹底崩潰，擔心股票全都會變成廢紙的不安情緒會讓人聽不見也看不見。如果是保持理智的狀態，大概會在能夠採取的多個方案中做出最佳的選擇，但在擔心財產全都會化為烏有的情況下就無法如此從容了，在冷靜判斷之前，大概就會認賠售出或大量購買壓低價格，反而投入更多的資金，無論在物質上或精神上都可能會造成損失。

《孟子》的公孫丑篇中有我們都耳熟能詳的揠苗助長四字成語，是焦慮造成事情被搞砸的代表事例之一。中國宋朝有一個愚蠢的農夫，有一次，他因為好奇種下的秧苗長大多少了，於是便來到了田裡，但他發現自己的稻子似乎長得比其他人的更慢，雖然他後來又觀察了好幾天，但自己田裡的稻子依舊長比得其他人的稻子更緩慢，他便陷入焦慮，擔心自己種的稻子無法收穫。

後來農夫開始苦思讓自己的稻子長得比其他人更快的方法，他突然想到一個方法，如果自己出手幫忙的話，稻子應該就能長得更快。農夫在根部沒有露出的狀態下稍微拔了一下稻子，稻子看起來就和其他農田的一樣高了，接著農夫把剩下的稻子也都拔起來讓它們看起來更高一點。

安心的農夫帶著愉快的心情回到了家，並且把在農田發生的事告訴家人，農夫的兒子非常驚訝，立刻飛奔衝向農田，當他抵達時發現稻子早就全都枯萎死去了。

農夫認為只要拉扯稻子的芽就能幫助它長大，但稻子的根部卻浮起來了，導致稻子因此而枯死，焦躁與不安的心情導致他違反大自然的法則。那一年農夫當然就等於是還沒開始耕農就得承受龐大的損失。

該名農夫耕農應該已經好一段時間了，不順遂的情況衍生的不安情緒讓他承受了莫大的損失，如果農夫帶著從容的心情等待，就算會稍微慢一點，農田的稻子應該就能正常生長，物質上的損失也會少一點。無法從容等待的心態造成了龐大的財物損失。

精神障礙的衍生

焦慮不僅會讓內心深層、事情的成果變差而已，也會導致自己的才能與力量無法提升。另外，它還會導致我們無法獲得期待中的結果。

這一類的情況若是反覆上演，對自己的信賴就會趨向瓦解，並且開始懷疑自己。

不管做任何事都會覺得不順利，認為自己是一個運氣差的人，會因為雞毛蒜皮的事失去自信，同時喪失想做某件事的意志。時間久了可能就會慢慢陷入貶低自己與無力的深淵當中，嚴重一點甚至會演變成憂鬱症。

焦躁與不安的心情讓自己忐忑不安，隨著時間的過去，也會開始認為自己在有限的時間內無法完成事情，一旦出現這樣的想法，就不會想要全力以赴去完成一件事，只會沉浸在隨波逐流與自暴自棄的心態當中。若是進入束手無策的階段，可能就會出現「隨便吧！總會有辦法！」之類的不負責態度。若是時間上有餘裕時不及時行動，或是置之不理到已經無法解決的地步，最後也會衍生出內疚感。「如果能更早一點行動就好了，因為偷懶的關係……」、「早知道平常應該更努力一點，我過得太安逸了！」等等的責備可能都會瞄準自己。

更嚴重一點的話，會陷入「看來我真的是一事無成」、「為何我會一直都這副模樣呢？」之類的負面思緒當中，認為自己毫無用處或是窩囊等的自我貶低的情況也會增加。在這種狀態下不但無法獲得自信，當然自然而然每件事就會抱持消極的態度。無時無刻都在意周遭的目光且總是灰心喪志，把擁有自尊心視為是一件奢侈的事情。

經過一段時間後可能會發展為無力的狀態，被「反正一定不行……」的想法支配思考，在嘗試新的事物之前，多半都會先選擇放棄。焦慮會帶來失敗，當失敗接二連三發生時，形成自暴自棄之情緒的負面循環就會重複不斷。此時就會因為喪失信賴而感到憤怒，以及墜入無力的深淵。

而這可以稱為是習得的無助感，就如同其字面上的意思一樣，屬於一種因為反覆學習造成的無助狀態，是可以稱為正向心理學創始者的馬汀・塞里格曼（Martin Seligman）提出的理論。當一個人反覆逃避或經歷憑自身力量無法克服的環境時，儘管實際上擁有能克服困難的能力，卻不會想要去嘗試，這就是習得的無助感。

馬汀．塞里格曼把二十四隻狗分成三組，每一組各八隻，然後把牠們關在四周都是鐵窗的房間，後來透過地板進行電擊實驗。第一組在房間的一側設置了阻斷裝置，狗碰巧用腳或鼻子觸碰到阻斷裝置停止了電擊，地板傳來電擊時，狗都會因為極度痛苦而拚命掙扎，偶然知道阻斷裝置的存在且經過反覆學習後，當下次地板出現電擊時，牠們就會按下阻斷裝置停止電擊。第二組是關在沒有阻斷裝置的鐵窗中，這一組的狗面對地板傳來的電擊時只能束手無策承受痛苦，由於就算想要避開也無處可逃的關係，只能默默承受苦痛來臨的瞬間。第三組是對照組，只有關在鐵窗中而已，沒有施加電擊。

二十四小時後馬汀．塞里格曼變更了實驗條件，這次清除了圍欄，使用像桌球網一樣的矮圍欄設置了兩個分開的空間。一邊的地板設有電擊裝置，但另一邊的地板則沒有設下任何裝置，當地板傳來電擊時，只要跳過矮圍籬到另一個空間就能避開電擊。

把前面進行過實驗的三組狗都放入這次的實驗裝置，當開啟電擊時發生相當驚人的事情。原本待在有阻斷裝置的第一組遭受電擊時，立刻全都跳過矮圍籬到另一個安全的空間；當作對照組沒有遭受過電擊的第三組也嚇一跳移動至安全地帶；第二組就不一樣了，明明只要稍微移動就能輕易避開痛楚，但原本被關在鐵窗中承受電擊的狗卻待在原地默默承受電擊。八隻當中有兩隻逃到安全地區，但剩下的六隻絲毫沒有想要躲開的意思。

馬汀．塞里格曼的實驗展現了習得的無助感的可怕，無法避開的情況如果反覆不斷，就算自己能克服，也不會嘗試要去擺脫困境，而是會選擇放棄。

焦慮可能會讓成效變差和帶來失敗，倘若相同的情況反覆上演，就會喪失信心、對自己感到憤怒，更進一步會發生自我貶低的情況。

自尊可能會因此受創，同時陷入無助當中，換句話說，無助是因為學習而形成的。

當我們陷入無助時，不管做什麼事都會嫌麻煩且不想做，雖然可能會以為只是單純不想做某件事或煩躁而已，但無助屬於一種嚴重的精神疾病。世界知名的心理治療師法蘭克．米諾斯（Frank Minirth）說無助是一種「肉體或精神虛脫的狀態」，認為未來充滿不確定，想要孤立自己遠離認識的人和社會，情感上的空虛伴隨著精神方面的痛苦。他提出的二十四個無助測試當中包含了「經常會對每件事產生焦慮」的項目。

馬汀．塞里格曼和法蘭克．米諾斯都曾警告說若是放任無助的症狀不管，很可能會演變成憂鬱症，如果長時間陷入無助的狀態，可能就會出現憂鬱症，由於憂鬱症也會伴隨著無助，因此會形成互相否定的連環關係。相信就算筆者不刻意解釋，讀者們應該也很清楚無助和憂鬱症是多麼可怕的疾病，雖然會有程度輕重的差異，但若是平時就常感到焦躁與不安，那就表示已經有某種程度上的無助或憂鬱症狀。

慢性焦慮也可能會變成焦慮症（anxiety disorder），它是各種形態的不正常或病態的恐懼與不安，對日常生活造成阻礙的疾病就是焦慮症。它會讓人感到極度不安，甚至懷疑自己是否能正常生活，下列是代表性的例子。

廣泛性焦慮症（generalized anxiety disorder）GAD

它被稱為過度焦慮症，六個月以上持續出現擔心會發生某件不樂見的事，有過度擔心與忐忑不安、口乾與冒冷汗，或是感覺到暈眩等各式各樣的症狀。對很多事情都特別敏銳，就算沒有發生特殊的情況，也會明顯地注意負面的要素，或者是高估發生負面情況的機率和害怕結果。相反地，低估自身應對能力等的負面要素會增加，以及縮小正向的要素。

恐懼症（phobia）

古希臘語「soteria」是消極與不理性的意思，相反地，「phobia」是代表病態與不理性的恐懼。恐懼症是針對特殊狀況或對象感到恐懼與不安，然後想要避開它的症狀，害怕與他人之間的相互作用與不安的社會恐懼症（social anxiety）也包含其中。

恐慌症（panic disorder）

莫名的害怕周圍的一切與不安，導致出現無法順利呼吸、流汗、脈搏變慢、頭暈等的症狀，也會伴隨著發作。

此外，也有在經歷具衝擊性的事件後持續不安狀態的創傷後壓力障礙（PTSD），以及分離焦慮症等。

根據統計來看，全世界人口的五至七%有這一類的焦慮症，不過就算沒有發展成無助、憂鬱症或焦慮症，焦慮也可能對肉體、精神上的層面造成傷害。如果是慢性焦慮的話，就會衍生慢性壓力，分泌腎上腺素和皮質醇等過度的壓力荷爾蒙。它會造成肥胖或破壞免疫系統的均衡，讓身體因為疾病而變脆弱。可能也會對社會關係的形成和語言的運用造成障礙，就算是瑣碎的事情也可能會表現出很急躁，或者出現無法控管情緒的間歇性暴怒障礙症等的症狀。

變得比較常生氣也是因為慢性焦慮造成的現象，在心情愉快或放鬆的狀態下不會生氣，因為負責理性思考的額葉會全面啟動戰勝外部的壓迫感，並且抑制來自邊緣系統的情緒，也就能夠順利控制情緒。反之，在感覺到焦躁或不安的負面情緒狀態下，額葉的抑制功能會降低，因為消除邊緣系統產生的負面情緒已經使用龐大的能量，額葉能使用的能量相對地也就減少了。當感受到焦慮時，平常不太容易激動或生氣的人也可能會莫名的發飆。

英國赫爾大學科學家曾針對感到不安的人面臨威脅時會做出的反應進行實驗，在召募實驗參加者後，透過電腦顯示具威脅性的圖片和中立的圖片，顯示的時間都不一樣。擔心發生壞事被不安情緒籠罩的人會高估威脅和表現出更多的恐懼，如果是平常因為焦慮而陷入負面情緒或嚴重自我貶低的人，在中立的情況下也會過度放大解釋，情緒上激烈反應的可能性也很高。

有一個心理學用語是投射（projection），就像是投影機把影像照射在布幕上一樣，把我的情緒狀態投射在其他人身上，視為是那個人的情緒狀態。如果討厭某個人，就會認為對方也討厭我；自己感到不安時，也認為其他人覺得不安。

如果內心一直呈現不安與焦躁的狀態，就會無法順利辨識出周圍的線索，受到中立刺激生氣的可能性也會變高。不安與焦躁的心情會讓人隨時都做好生氣的準備，就算不是會生氣的情況或是具威脅性的情況也會發飆，這一類的情況變頻繁時，可能就會出現間歇性暴怒障礙症。塞車的過程中和來自叉路的車發生摩擦，最後演變成拿起球棒的極端情況，這可能是因為當事者的腦袋裡早已裝滿焦躁與不安的關係，說不定當事者在日常生活中就很容易焦慮。

如果有人毫無耐性可言且動不動就發飆大聲吶喊，年紀大了罹患心臟麻痺的機率相對地就會比較高，這算是一種肉體上、精神上加速摧毀人生的手段。

前面談到的內容全都是從受焦慮所苦的人身上能輕易發現的特徵，一個特徵連接另一個特徵，總是搖擺不定浪費時間，無法長時間做同一件事，執行力也會變差。一會兒做這件事一會兒做那件事，成就感自然也就會變低，當內心變急躁時就會失去自制力，不但失去主導權，同時也淪落為被追趕的對象，一昧地只追求眼前的事物，久而久之目光也就會變狹隘。這一類的循環如果重複不斷，可能會在不自覺中失去對於人生的鬥志，不會認為生活是一件愉快的事，而會轉變成厭倦與痛不欲生。焦慮的枷鎖就像是陷入一次就難以脫身的迷宮。

焦慮的人生就和無時無刻處於考試結束五分鐘前的狀態沒有兩樣，考試開始五分鐘後是專注力最高的時間，但考試結束五分鐘前，大部分的人都會因為被時間追趕，導致任何事都沒辦法做。儘管還有沒解完的問題，卻因為焦躁與不安的情緒而無法專心看完題目，多半都不會仔細思考尋找答案，而是忙著快速瀏覽過選項後抱著僥倖的心態猜答案。

每當進入此一階段就會無法繼續有意義的思考，運氣好或許能猜對答案，但這樣的幸運不會每次都降臨在我們身上。如果是主觀式的考試，考試結束五分鐘前根本就等於是放棄的狀態，坐在考場本身就是一件很痛苦的事情，一心只希望考試時間快點結束。

倘若焦慮的程度變嚴重，就會像這樣抱存僥倖或完全放棄的心態過生活，有人說：「焦慮是不想流汗就獲得果實的貪欲！」這樣的人生不可能會感到愉快或幸福，只會讓人感到疲憊或煎熬而已，因此，焦慮是一種非擺脫不可的人生毒素。

|第3章|

培養擺脫焦慮
所需要的大腦習慣

國小教科書中有《尹淮與鵝》的故事，尹淮是高麗末期與朝鮮初期擔任主要官職的政治人物，他同時也讓性理學在朝鮮國教占一席之地的大功臣。年輕時的尹淮有一次因為天色變暗而想投宿客棧，但主人認為尹淮看起來太寒酸了，於是便拒絕他。無奈坐在屋簷下的尹淮無意間看見主人的兒子在玩珍珠的景象。

不過兒子卻不小心把珍珠弄掉在地上，因為天色已暗根本就很難找到，他便直接回到屋內。過了一會兒，尹淮看見有一隻鵝走過來撿起地上的某個東西，沒有多久後主人走向尹淮說自己珍貴的珍珠不見了且表示質疑，主人還說天亮時要去官衙舉發他，然後就把尹淮綁在樹上，尹淮雖然覺得荒謬，但卻冷靜的要求把鵝也一起綁在樹上防止牠逃跑。

隔天早上，客棧主人準備把尹淮送去官衙時，尹淮則叫主人仔細觀察鵝的排泄物。

主人一臉狐疑的表情翻找著排泄物，後來真的在排泄物中找到了遺失的珍珠，羞愧的主人問尹淮說為何昨晚不說珍珠被鵝吃掉了呢？尹淮則這樣回答。

「如果我昨晚就告訴你珍珠是被鵝吃掉的，那你大概會因為焦慮而將鵝剖腹吧？因為只要撐過一個晚上就能拯救鵝，所以我才會忍住不說。」

雖然這是大家都知道的故事，但假設尹淮未能忍住不說，鵝一定會被急躁的主人殺了，主人的財產也會損失。多虧尹淮沉著冷靜的應對，才沒有造成任何損失，雖然當事者稍微吃了一點苦頭。

就像前面談過的一樣，焦慮會讓人生變煎熬與疲憊，想要享受從容與幸福的人生就不能對焦慮放任不管。焦慮需要特殊的關心與治癒，令人惋惜的是，焦慮很難在短時間內擺脫，特別是當焦慮已經變成習慣時更是如此。由於焦慮是感受到內心的不安與焦躁的負面情緒，想要治癒需要經歷漫長的反覆努力才行。雖然這樣說很矛盾，但想要治癒焦慮需要耐心，只要付出努力就能治癒焦慮的堅定信念，以及秉持著信心與從容的態度來應對，這是相當重要的一點。

在本章中會介紹能擺脫焦慮的三階段認知行動治療方法，在進行治療之前，最重要的就是知道自己有焦慮的症狀，換句話說就是需要自覺（self-awareness），所謂的自覺是指自行理解自己的心理狀態與行動特性。

另一方面，它也能視為是運用後設認知（meta-cognition）意識，就是透過後設認知或對於自身情緒狀態的自覺，了解自己有因為焦慮而忐忑不安的情況，這就是控管焦慮心情的第一階段。

認清自己有焦慮的事實後，在下一個階段中就必須緩和那份情緒，倘若明明知道卻又無法緩和那份情緒，就算認清那份情緒也沒有用。必須透過積極的應對壓抑焦慮與保持平常心，在此一階段中需要把認知轉換成正向，可以試著回想過去因為焦慮而搞砸事情或造成物質上損失的例子，或是從積極的觀點正視焦慮。

最後一個階段是，立刻採取措施擺脫焦慮的心情。人類的腦部只要出現負面的想法，就會難以擺脫負面思緒的枷鎖，隨著不斷地重複瑣碎的負面情緒，那份情緒就會變得更加強烈難以挽回。因此，當出現焦慮的情緒時，應該要透過積極的情緒管理驅離腦海中的負面想法。內容彙整後如下圖。

第一階段命名：

對自己的焦慮有所認知

如果忽視焦慮造成的不安與急躁，可能會導致精神能量枯竭，進而讓內心世界趨向疲憊。思考能力或判斷力會因此變模糊，開始對周遭的人不耐煩或是發脾氣，當然就會搞砸事情，獲得的成果不如預期的可能性也會變高。因此焦慮時就必須快點擺脫那個情緒狀態，首先必須要先自覺，也就是準確掌握自己目前的感情、情緒或意識，要清楚知道自己出現焦慮症狀的事實。

第一階段	對自己的焦慮有所認知
第二階段	透過積極的心理應對抑制焦慮
第三階段	採取可逃避焦慮的即刻性措施

立即擺脫焦慮的方法

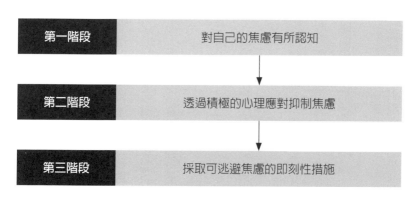

因為唯有先理解自己的感情、情緒或意識，才能夠嘗試去控制。

如果無法精準掌握內心的情緒變化狀況，就無法對症下藥採取適當的措施，可能會畏縮變成防禦姿態或反過來變成具攻擊性。這種情況在認識自己周圍的世界和形成相互作用時會造成混亂。

舉例來說，當對某人生氣時，事實上可能是對方讓自己感到被背叛或厭惡的想法等，雖然如同冰山浮在水面的情感是憤怒，但隱藏在水面底下的是背叛或厭惡之心，所以它是以「怒氣」的形態呈現。當生氣時、認為遭受背叛時、產生厭惡的情感時能採取的行動都會有些微的不同，感覺到背叛或厭惡情緒時，必須讓對方明白自己的錯誤；但生氣時會讓情緒爆發或必須反過來採取抑制的行動。

因為認為對方背叛自己而憤怒時，對方可能只會認為你在生氣而已，根本就不會去思考自己的行動，如此一來責任就會被推回到生氣者的身上。唯有準確知道自己目前感受到的感情、情緒或意識等，才能試著去控制那個情感，以及採取符合情況的行動，同時找到可擺脫困境的線索。

當我們知道自己的內心世界出現焦慮的症狀時，之後就會命名那份情感，舉例來說，「焦躁」、「不安」、「煩躁」等表達情感狀態的簡短用語。必須注意的是，不是使用「我現在因為焦慮而焦躁和不安，所以覺得很厭煩」這種冗長的方式表現自己的感情狀態，而是使用簡短的名稱表達自己的感情狀態。感情狀態排列得太長，反而會因此更加刺激感情，然後擴散成更惡劣的感情。因此，試著使用簡短的名稱去辨識感情狀態，填寫在備忘錄或筆記本讓眼睛能看見。

如果當下無法做筆記，透過說話表達自己感受到的情緒狀態也無妨，發出聲音說「我生氣了」、「我很焦躁」、「我很不安」等的情緒狀態。如果是人多的場合，只要以自己能聽見的音量小聲說就好了。像這樣簡短寫出來或說出來就能讓我們專注於自己感受的情緒，而這就稱為「標籤化」（labelling）。

雖然非常單純，但標籤化能帶來相當大的效果，當焦躁、不安或更進一步生氣時，腦的能量會流向負責感情與情緒的邊緣系統，負責理性思考的額葉會在瞬間失去在腦部的主導權，而且可能會被邊緣系統引導的感情控制。

此時如果要把自己感受的感情或情緒取名，能量就會進入負責理論與分析思考的額葉，邊緣系統遺失的主導權會再次回到額葉。透過此一單純的行為可以讓意識的流動再次從感情的狀態恢復成理性的狀態，實際上如果使用功能性磁振造影（FMRI）拍攝腦部的動態，可以看見當我們把自己的情感命名時邊緣系統的活動就會降低。光憑情感的簡短命名就能讓情感狀態沉澱，以及恢復理性的狀態。

這是生氣時特別有效果的方法之一，怒氣在情感的腦部中瞬間上升，不過大部分的人都一樣，在生氣後往往都會後悔。很多時候都會自責說：「如果當時稍微忍耐一下就好了……」一生氣時與其依照情緒爆發怒氣，如果能試著理性思考說：「不能生氣，因為日後一定會後悔！」相信就會比較容易能控制自己的情感，焦慮同樣也是如此。

另外，千萬不能和我們平常生氣或煩躁時一樣習慣性說出「啊，真是不爽！」或「煩死了」之類的話，這種行為對於解決焦慮的情感完全沒有幫助，充其量只是把自己的情緒狀態表達出來而已。這是一種沒有經過掌管理性思考的額葉就表達情感狀態的情況，在下意識表達自己的情感前，必須專心替情感或情緒取正確的名稱。

想要明確認清情感或情緒狀態，需要以客觀的角度正視自己的認知狀態，就像是靈魂出竅一樣，必須站在外面看清楚自己感受的情感。擅於調適情感的人很清楚自己感受到某種情感的程度，而且也能預測那樣的情感會造成何種影響，這就稱為「後設認知意識」。後設認知也被稱為元認知，是指自行辨識自己認知的情感本身，就像是第三者觀察自己發生的情感變化一樣從外部觀察，可以說是認知自己執行的認知過程的高階認知過程。

本來後設認知主要是運用在學習層面，後設認知此一用語是約翰．弗拉維爾（John H.Flavell）創造的，可說是認知自己知道的部分與不知道的部分。成績在前半段的學生與學習能力差的學生之間最大的差異就在於，是否清楚自己知道與不知道的部分。換句話說，清楚自己知道與不知道的部分是後設認知，而讓它變可行的則是「後設認知意識」。

第二階段認知轉換：
透過積極的心理應對抑制焦慮

在第一階段中只要認知自己的焦慮，意識就會瞬間離開邊緣系統回到額葉，可以說算組成透過理性就能控管自己的環境。千萬不能錯過此一時機，必須採取更積極的行動，讓理性思考能勝過情緒思考，並且能延續下去。

在第二階段中針對自己感受的焦躁與不安情感進行積極的認知轉換，藉由此一方式壓抑焦慮。認知轉換就是指改變認知，從對於尚未發生的未來感到焦躁與不安的層面來看時，焦慮可說是一種精神問題，相當多的精神問題都源自於信任的錯誤，也就是說，它是來自當感受到時間壓迫時認為不能太從容的錯誤想法。

這一類的想法也可能延伸為自責，但對於為時已晚的事情無論怎麼不安和自責都於事無補，如果放任負面的情感不管，只會像山坡上滾下來的雪球一樣越滾越大而已，這就稱為滾雪球效應（snowball effect）。

英國的推理小說家柴斯特頓（G.K.Chesterton）說：「擔憂就和小孩一樣！」因為它成長的方式就和我們越是抱持關心就越快長大的小孩一樣。焦慮這一類的負面情感同樣也是如此，時間久了只會讓理智斷線而已，焦躁與不安無法改變任何事情。

✦ 明白焦慮對解決問題毫無任何助益

我們把認知轉換再次分成更詳細的階段，第一個是，明白焦慮對解決問題毫無任何助益的事實。舉例來說，假設有一天要在以老闆為主的高階主管聚集的場合報告重要企畫結果，但卻因為交通狀況而遲到，這種時候大概會冒冷汗和手腳發軟吧，說不定會口乾舌燥，心臟也會劇烈跳動甚至感覺到疼痛。不過仔細想想，那樣提心吊膽對於準時赴約有任何幫助嗎？焦慮就能準時不遲到嗎？焦慮就能讓主管們諒解我的遲到嗎？情況並沒有不一樣，無論焦慮與否都無法改變狀況。

因為大學考試無法取得好成績而焦躁和不安也沒有任何意義，反而會因為無法專心，導致成績變得更糟糕。與其這樣倒不如保持從容的態度，並且多花點心思在不足的科目上才能獲得更好的成果。

以我的情況來說，就算為了想快點出書而拚命掙扎和焦慮也沒有任何助益，越是焦慮就越容易寫出內容粗糙的書。每當感到焦慮時，應該要回想那樣的情感是無法解決任何問題的事實，這是一種心靈控制，為了擺脫焦慮的心情而努力。

根據哈佛大學心理學系的分析來看，人類擔憂的事情當中有九十九%以上都是當下不需要的，分析擔憂後發現，有四十%是擔心未來，三十%是和過去有關係，二十二%是擔心生活中不足的部分，四％是針對無法改變的事情的擔心，剩下的三％則是擔心目前進行的事情。

換句話說，擔心的大部分事情從一開始就沒有解決方法，或者就算擔心也於事無補。儘管如此我們依舊無時無刻和擔憂黏在一起，所以西藏有這麼一句諺語。

「擔心消除了煩惱，那就不用擔心了。」

就像西藏諺語一樣，我們應該要正視擔憂的心情，並且從心中驅離那個擔憂。

史蒂芬·史匹柏導演的電影《間諜橋》取材冷戰時期的美國與蘇聯，以及東德之間的間諜事件，有許多令人印象深刻的場面，描述湯姆·漢克斯飾演的美國保險業律師詹姆士·唐納文幫蘇聯間諜魯道夫·阿貝爾辯護的內容。湯姆·漢克斯在這部電影中至始至終都展現了熱情律師的一面，詹姆士為了救魯道夫不顧危險且付出相當程度的努力。相反的，儘管面臨若是無法證明他不曾進行過間諜活動，生命就會有危及的情況，魯道夫依然沒有否認間諜活動或是苦苦哀求放過自己，而是一直都保持沉著與冷靜的態度。因為他很清楚在那個情況下自己根本就沒辦法做任何事情。

認為很反常的詹姆士多次問過他難道都不擔心嗎？怎麼能如此處之泰然呢？

每當這種時候魯道夫都會這樣回答：

「擔心又能改變什麼呢？」

每當聽到這樣的回答時，提出疑問的詹姆士反而啞口無言。

面對焦慮的態度也需要這樣的超然感，焦慮基本上是擔心事情不順利的心情，不過擔心就像前面提到的一樣大部分都不具任何意義。換句話說，會發生的事就會發生，不會發生的事終究不會發生。而且大部分都會比擔心的程度更輕微。

因為報告時間太晚而被臭罵一頓，考績分數可能也會變差，但高層也可能會諒解且順利度過眼前的難關。在憂慮、提心吊膽和擔心的大學考試中也可能出乎預料得到好成績，之後也可能會有其他出版社對我的書感興趣，沒有人能預料結果，因為已經過去的事、還沒發生的事、憑我的力量無法解決的事而擔心根本就沒有任何助益。

發生焦慮時也同樣如此，把西藏的俗語稍微改變一下，「如果焦慮消除了焦慮，那就不用焦慮了。」焦慮的人就是需要這樣的心態。並不是焦慮就能解決問題，焦慮並不能解決問題，反而會讓事情一拖再拖，結果也可能會很糟糕，因此我們必須清楚明白焦慮對我們是沒有任何助益的。

在我衝動離職後，幾乎有十八個月的時間都處於經濟拮据的狀態，當然寫書、在大學授課，或者是寫稿也能賺一定程度的報酬，但要照顧就讀大學的兒子和正值高中的女兒，這樣的收入根本就難以維持家計。

雖然有退休金和儲蓄等可支撐一段時間的資金，但隨著無業的時間慢慢增加，日子變得越來越難熬，當時真的很想快點找到維持生計的方法。

不過情況卻相當不樂觀，付出心血寫的書經過迂迴曲折後，出版依舊受到挫折，原本信賴的講課報酬也突然沒有了。一度想要嘗試創業，但卻找不到心地善良或愚蠢的資本家會投資一個上了年紀的人，最後我嘗試再次就業，但也沒有任何企業會想錄用一個超過五十歲的人。每天就像是走在很深的水中一樣步步艱辛，飽受迫不及待想要解決問題的焦慮折磨。

必須快點找到解決方法的焦慮感讓我根本就無法專心做一件事，焦躁的情緒也讓我無法進行需要投入時間的事情，所以每件事我都想快點得到結果，無時無刻都是匆匆忙忙的狀態，也因為這樣，我做的每件事都很不順遂。如果態度能更從容一點，或許就能獲得更好的結果，因為總是急急忙忙，理所當然就無法取得好的成果。當時我一度認為自己大概無法克服眼前的經濟懸崖。

就這樣有一天，所有的擔憂如同謊言一般全都突然消失不見了，我終於可以再工作了，也能賺取不低於以往的生活費。而且我在時間上也很從容，更重要的是，我可以做自己想做的事情。現在仔細想想，焦慮並不能幫忙我解決問題，只會讓人無謂的操心而已。

當時我的心情比任何人都更加迫切，但焦慮並不能幫助我擺脫困境。

焦慮只會製造出無數的問題而已，過度的急躁會讓人經常犯錯或做出輕率不純熟的行動，以及錯失更好的機會。偶爾傷害自尊的行動也可能造成內心受創，再加上可能會因此而變卑微或失去道德心。因此，感到焦慮時最應該先做的事情就是，明白就算焦慮也沒有任何助益的事實，若是不想要焦慮，就要下意識去付出努力。

塞車時與其在車上不停跺腳，應該要試著轉換想法「心急也無法讓速度變快，乾脆就好好享受一下音樂吧」。想和心愛的人結婚而忐忑不安時，應該要考慮「這樣焦慮也於事無補，可能還會失去心愛的人」。朋友升遷時與其焦慮和忌妒，應該在心中牢記說：「晚開的花朵可能會更加華麗！」

與其緊緊抓住無法解決的問題且提心吊膽，不如放寬心接受眼前的情況對精神健康層面會更好。

或許閱讀本書的讀者當中，有相當多人都難以接受這樣的說法，或許有人會反問說：「事情發生差錯了或在可能出錯的情況下，要如何不擔心且從容地接受呢？」但我是使用這樣的方法治療焦慮，而且效果非常顯著，換作是以前的話，在著作本書的期間我大概也會急著想快點完成作業而焦躁與不安，但現在我很享受從容寫書的日子。

正所謂欲速則不達，越急躁就會寫出越糟糕的文章，一想到只要付出越多的心血就能出版更好的書，急躁的心情就消失不見了。現在我完全不會焦慮，寫文章時心情也很放鬆舒坦。

那為何這麼多人明明知道這樣的事實，卻依然無法力行實踐呢？我想大概是心理負擔的關係吧，這可以說是一種認知失調（cognitive dissonance）。認知失調是做出與認為正確之信念不同的行動，舉例來說，明知道抽菸對健康不好，卻依舊抽菸的行為亦是屬於認知失調。

曾任職於史丹佛大學的美國心理學家利昂・費斯汀格（Leon Festinger）計畫了一項調查認知失調的試驗，在召集實驗參加者後有好幾個小時都在解初步的計算問題，後來他提出荒謬的說明讓參加者陷入混亂的狀態，實驗雖然很枯燥乏味，但所有參加者都完成了整個過程。

實驗結束後，利昂・費斯汀格教授把參加者分為兩組，一組的酬勞是一美金，另一組的酬勞二十美金，由於進行實驗的時期是一九七〇年代，二十美金可說是一筆很大的金額。後來曾問過參加者實驗是否愉快，以及是否認為實驗具備科學上的意義，出乎預料之外的是，收到一美金的參加者的反應比收到二十美金的參加者更積極與正向。

費斯汀格教授針對實驗結果表示：「收到一美金報酬的參加者認為自己沒有搞清楚狀況就參加可笑的實驗，而且也沒能收到好的報酬，根本就是笨蛋。但另一方面也認為這項實驗具備自己不清楚的重要意義。換句話說，他們不會一昧地期待報酬，而是認為自己對實驗付出了貢獻。大概沒有人會想認為自己很愚蠢吧，基於此一理由，儘管認為那是一場毫無意義與可笑的實驗，參加者為了合理化自己的判斷，都會回答實驗是有意義的。」

反之，收到二十美金的人沒有這一類的壓力，所以便依照自己的信念自由回答。

在某種情況下發生與自己信念發生矛盾的事情時，一般人可能都會選擇與自身信念相反的行動，這就是認知失調。不管是多麼愚蠢的事情，在選擇後就會認為自己的行動是正確的。

大家都知道焦慮對解決問題沒有幫助，但實際上面臨特定狀況時卻還是無法擺脫焦慮，而是會選擇違反自身信念的行動，這是因為他們認為做出違反信念的事如果安心過日子是無法被原諒的行為。

如果在可能會焦慮的情況下卻顯得相當心安，大概會難以承擔周遭的指指點點，或者是必須承受被說是「沒主見的人」，因為發生差錯時，至少擔憂的心情可能會獲得安慰。

矛盾的認為透過焦慮可讓內心獲得安慰，但這充其量只是自我安慰而已。

從長遠來看時，我們應該認清焦慮對解決問題沒有任何幫助，假設焦慮可以解決問題，那當然就算焦慮也無妨。但陷入焦慮後，反而會因為難以專心讓事情一拖再拖，品質可能也會因此而大打折扣。筆者的意思是不要焦慮，並非要求不准著急的意思，而是動作要快，但心理層面必須從容，唯有這樣才能依照自己的意思去解決問題。有一句成語是「欲速則不達」，古人早已看透急躁引起焦慮後就會導致一事無成，當感到焦慮時就必須銘記這番話。

回想過去焦慮的事例與結果

但光憑這樣大概難以擺脫焦慮，在下一個階段中最好能更具體回顧過去焦慮的事例與結果。一般來說焦慮時獲得的結果以負面居多，因為焦慮忐忑不安浪費時間、判斷力變差導致誤判重要的事情、逞強推動某件事造成反效果、人際關係破裂、造成經濟損失等大致上壞事會多於好事。

當焦慮壓抑內心時只要試著回想這一類的事情，焦慮的程度越深時就能預測結果會是不好的，同時也會認為千萬不能焦慮。

藉由回想過去因為焦慮造成的負面結果，進而管理焦慮的負面情感，這就是轉換認知的第二個方法。

我主要透過這樣的方法管理焦慮，至今也持續訓練當中，前面也提過了，焦慮讓我失去的比獲得的更多。離開穩定的職場後也經歷了屈辱的事情，經濟上也面臨一大考驗，只能眼睜睜看著印象模糊的後輩們擠下我向前邁進。不僅自尊心受創，和他人的關係也經常發生問題，這全都是焦慮造就的結果。

當感到焦慮時說：「啊，看來我太著急了！看來我太急躁了！」在認清自己焦慮的事實後回想過去經歷的不愉快經驗，以當時不好的結果為基礎去預測焦慮會帶來的負面情況。如此一來就會認為，「如果現在焦慮，可能會再次經歷過去的失敗！」並且叮嚀自己不能焦慮，這樣在某種程度上就能掌控心境。

彙整後如下。

- 明白焦慮對解決問題毫無任何助益
- 回想過去焦慮的事例與結果
- 認為這次如果焦慮也會重蹈覆轍過去的錯誤事例

焦慮並不見得每次都一定會帶來不好的結果，通常我們都認為焦慮會衍生出負面的結果，但仔細想想，焦慮和著急時的結果也並不一樣都是錯誤的。雖然會帶來負面的結果或是會有出錯的時候，但多半都是在無關緊要的狀態下結束，雖然我習慣性容易焦慮，但回顧過去似乎也沒有因為焦慮而嚴重吃虧的事，我就試著舉幾個自己的例子吧。

- 早上九點開始在首爾的兵務研修院有課，儘管早上已經提前出門了，但那一天路上卻特別塞，一個不小心講課時間就會遲到無法順利抵達，由於那是汽車專用道路，無法途中下車換搭計程車，當情況變成進退兩難時，心跳就開始劇烈跳動且感到焦慮了。抵達換車的地點永登浦區時已經是八點三十分了，平常那個時間我早就該抵達教室做好準備了，因為已經太晚的關係，我沒辦法搭公車，只能改搭計程車。但早上上班時間很難找到空計程車，時間一點一滴的流去，我卻依然沒看見空計程車，心急如焚的我內心早已燒成和木炭一樣焦黑。我的理智早已斷線，一心只想著無論如何要快點抵達教室，如同性命般重要的時間僅僅只剩下十五分鐘，後來我終於攔到一輛計程車，已經晚了十分鐘以上，雖然並沒有很久，但以一名講師來說這是絕對不允許發生的事，搭計程車時我也因為提心吊膽整個心像是快爆炸了一樣。但那一天上課的時間沒有耽誤，雖然我原本認為不可能，但所幸在上課五分鐘前就抵達教室，我也得以順利完成課程。

- 我在最後服務的公司被派去擔任新事業負責人員後，就和相同部門要一起工作的人約好要開會，開會的地點不是首爾，而是在釜山，預定的時間是下午四點。我是預計當天從首爾直接前往釜山，最晚兩點就要搭飛機才能在開會前抵達，但我在首爾也開了一場會議，這場會議讓我稍微晚了一點出發，超過一點後才從巡和洞的辦公室出發前往機場。從距離上充分能在時間內抵達機場，但那一天的交通狀況相當糟糕，所到之處都塞車，時間慢慢過去，我開始懷疑自己是否能準時抵達機場。如果錯過這次的班機，也不知道是否還有下一班飛機，離開辦公室前往機場的途中，整顆心就像是被亂刀砍過一樣，雖然內心急到跺腳，但交通狀況依舊沒有好轉。經過一番曲折後抵達機場的時間是飛機起飛前十五分鐘，我把車交給負責代理停車的人，然後就全速奔跑，幸虧檢查的時間很短，還有其他乘客還沒搭機。雖然我緊張到心臟都感到疼痛，但結論是我並沒有錯過飛機，而且也有充裕的時間在開會的時間抵達。

- 在進行社會生活的期間我換了三次工作，從我決定離開公司的那一刻起就開始感到焦慮了，如果無法順利找到下一份工作該怎麼辦呢？離職的公司如果發生問題該怎麼辦呢？口口聲聲說要離開公司，如果發生問題導致進退兩難該怎麼辦呢？但結論就是，每次離職時年薪和職等就會上升，同時獲得完全不輸給前一間公司的福利。是運氣好嗎？雖然不清楚是不是運氣的關係，但現在仔細想想，當時似乎不需要那樣焦慮。

- 在出版《初次相遇的腦科學故事》後我受邀參加YTN直播新聞，十五分鐘雖然並不是很長的時間，但我很擔心播放途中說錯話造成意外或是出錯，整個過程顯得非常焦慮。我的心臟劇烈跳動，手也不停地冒汗，隨著播放時間越近，胸口頓時覺得像是被沉重的鐵塊壓著一樣鬱悶。不過開始播放後，雖然表現沒有想像中的好，但幸虧順利結束了。後來我還獲得好幾次直播的機會，每當參加時都會感到焦慮，但最後還是順利完成了。

筆者試著舉出幾個例子，儘管以前曾多次出現過焦慮的情況，但有相當多次最後的結果都不算太差。

這並不是我個人的情況而已，大概是許多人共通的情況吧，焦慮時會感覺到胸口彷彿快要爆炸般的苦痛，但多半都是結束後不足為道的事情。因此我們要牢記焦慮時大部分都不會造成太大的問題且能順利解決，以及需要去控制焦慮。

為了能更進一步分析，試著回想一下自己焦慮時的情況吧！試著慎重回答下列的問題，第一題到第五題的答案總和必須達到百分之百才行。

大部分我們擔心的事都沒有發生或是過慮的，焦慮也可能是如此，事情嚴重到需要焦慮的情況其實並不多。以我來說的話，我是四號與五號加起來五十%，三號四十%，一號和二號加起來十%左右。那麼有必要刻意跺腳，然後用腎上腺素和皮質醇淋浴嗎？那樣只會傷身而已。焦慮時最好能回顧過往的結果，同時試著努力讓自己從容一點。

1. 過去曾因為焦慮而讓結果變非常糟糕的情況是多少呢？（　）%
2. 雖然結果並不是非常嚴重，但卻也不是很好的情況是多少呢？（　）%
3. 結果不差也不好的情況是多少呢？（　）%
4. 結果不錯的情況是多少呢？（　）%

5. 結果比預期中的還要更好的情況是多少呢？（　）%

從下表中可發現一件事，焦慮時會飽受極度的壓力、焦躁與不安所折磨，就像是白銅鍋裡的醬牛肉一樣被燉煮；沒有焦慮時就能保持內心的平靜。很諷刺的是，焦慮時和沒有焦慮時的結果並沒有太大的差異。那麼刻意焦慮也是枉然的不是吧？

或許有人會懷疑：「這個方法真的會有效果嗎？」但筆者可以肯定回答說一定有效果，因為這是憑藉自身的意志去控制內心，雖然它並非容易之事。所以當我們感到焦慮時最好挪出一點時間把下列事項進行筆記。

- 焦慮會獲得什麼樣的結果呢？
- 焦慮會改變結果嗎？
- 過去是否曾因為焦慮而引起負面的事情呢？
- 過去是否曾因為焦慮而發生好的事情呢？

	焦慮時	沒有焦慮時
症狀	極度的壓力 焦躁與不安 煩躁與生氣	心平氣和
結果	沒有不一樣	

焦慮時與沒有焦慮時的比較

就像是後設認知意識階段說明的一樣，意識的流動從邊緣系統變成額葉，意識如果變成由額葉掌控，情緒化的應對會減少，轉換為理性與符合邏輯的思考。若是具備邏輯與理性的思考控制主導權，目光就會變得更廣，站在合理觀點思考的能力也會提升。因為焦慮而擾亂判斷力與搞砸事情的情況也會明顯降低。

如果自己的個性本身就經常會擔心各種大大小小的事情，那麼這一類的訓練大概很難立即發揮效應，但若是能持之以恆實踐的話，相信一定會有效果。焦慮並不是短時間內就能治癒的性質，首先必須要捨棄想在短時間內糾正習慣性焦慮的想法，如果一心只想要快點治癒焦慮，反而只會讓焦慮更加嚴重而已。

試著舉《論語》中的孔子說過的話吧！孔子的弟子子夏擔任了魯國莒父地區的官職，因此子夏便請教孔子：「該如何為政呢？」於是孔子便回答說：

「凡事不要一昧地求快，不要只顧著眼前的小利益，如果過度急躁，反而無法達成目標，沉浸在小利益當中往往無法成大事。」

這就是我們經常使用的「欲速則不達」的由來，新手政治家若是陷入焦慮汲汲於想快點取得成果，內心當然就會變急躁，也就會無法看清楚整個局勢。由於只執著於眼前的小成果，無法從長久的觀點設立目標，最後當然也就難以取得豐碩的成果。

✦ 以認清事實的角度重新解讀焦慮的情況

在轉換認知的第三階段中該做的事情就是，試著站在其他的觀點解讀發生焦慮的情況。情緒調適領域的世界權威史丹佛大學教授詹姆士・葛羅斯（James Gross）說：「若是遇到逼不得已生氣的情況，以不同的方式解讀生氣的狀況能有助於控制生氣。」舉例來說，朋友為了幫助我而代替我工作，但卻不小心發生失誤，因為朋友的失誤而生氣時，比起執著於這件事而表現出憤怒的情緒，試著站在不同的觀點來看待這個失誤。朋友的失誤並不是刻意要造成我的困擾，而是為了幫助我，因此我應該要感謝他才對。即使發生了差錯，只要站在這樣的角度思考就可以避免生氣。

藉由改變觀看眼前情況的觀點牽引出其他情感，就稱為認知再評估（cognitive reappraisal）。焦慮同樣也屬於一種情緒狀態，透過這一類的認知再評估就能控制焦躁與不安的心情，像我這一行的人有所謂的「春荒時期」，每年只要一到一月或二月就幾乎沒有課，由於是新的一年的開始，同時也是所有上班族下定決心想要專注於工作的時期。隨著工作的優先順序提升，當然也只能把教育的優先順序延後，所以每到一月或二月時，講課時間就會減少到讓人難以非常無奈，收入也會大幅度減少。同行的人曾開玩笑地說：「這是沒錢買米的時期！」所以每當一到此一時期，我就會煩惱經濟問題而開始焦慮。

這種時候就算焦慮而急躁和傷腦筋也沒有任何幫助，只會讓自己難過與危害健康而已，是否能講課並非由我決定的，而是取決於有需求的企業。此時只要改變觀點，多少就能恢復內心的從容。講課的人平常都會因為時間上的不足而感到煎熬，原本應該不斷地進修和研發具競爭力的新單元，卻因為一直被講課時間追著跑，根本就沒有足夠的時間準備。

上完課後又必須著手進行另一堂課的準備，無時無刻都身陷於課堂準備的水深火熱之中，沒有所謂的假日或週末可言。也根本無法挪出時間投資在研發提升課程品質的各項技能。

像這樣不斷地被時間追趕，久而久之就會欠缺升級自我的投資，只會專注於眼前看見的事物，整天過著暈頭轉向的日子。當某天突然清醒時，才會驚覺自己的上課內容太陳腐，上課方式早已散發一股霉味。當出現此一情況時，身為講師的競爭力會降低是顯而易見的。

因此，沒有課程的一月或二月不該感到煎熬、埋怨和傷腦筋，要把它當作是充電和自我升級的好機會。應該把握時間彌補旺季時不足的進修，以及加強過時落伍的老舊單元，如果為了提升更好的講課技能而煩惱的話，我認為應該會有助於加強自身的競爭力。就算失魂落魄自怨自艾也沒有任何幫助，不如以更積極的態度接受眼前的情況，讓自己過得更充實一點，從長期來看時會更有助益。

像這樣以不同的觀點思考眼前面臨的情況，讓負面的狀態變成正面的狀態，就是認知再評估的重點。可以視為是付出比前面提過的認知轉換稍微更積極與更具行動的努力去避免焦慮，若是放任負面的思考，精神能量就會枯竭，在精神和肉體方面都可能會出現各種副作用。但若是以積極的層面去看待它，就能獲得更顯著的效用。雖然用說的很簡單，但要完全轉換觀點把負面的狀況視為正面的狀況並非容易的事情，需要持之以恆的努力與訓練。不過，達到熟練的程度時就能發揮龐大效果的方法之一就是認知再評估，不著邊際一味地只想要擺脫焦慮的想法根本就無法擺脫焦慮，就像是越掙扎越會黏住身體的捕蠅紙一樣，越是想要擺脫焦慮，它就越會在我們的腦海中揮之不去。

以正向觀點再評估負面情況的訓練是讓焦慮無法糾纏我們的方法，就如同像是在身體塗上油一樣，如果在身上塗抹光滑的油，捕蠅紙就無法黏住我們，就是讓負面想法擴散的捕蠅紙。因此，我們需要持續努力培養認知再評估的習慣。

第三階段狀況應對：

採取可逃避焦慮的即刻性措施

克服暫時性焦慮的第三階段措施就是採取立即性的行動，讓自己能得以擺脫焦慮。感覺到焦慮時最糟糕的其中一項應對方法就是，不斷地在腦海中重溫情況。前面也提過了，如果放任負面的思緒，就會如同雨後春筍一樣冒出來。很遺憾的是，負面的想法只會更加煽動焦慮而已，不會幫助解決問題。因此，與其陷入苦思成為焦慮的俘虜，擺脫焦慮立即採取措施解決眼前的狀況是更明智的行動。

美國神經學家詹姆士．巴貝茲（James Papez）主張情緒經驗取決於源自大腦皮質區與前扣帶迴皮質的神經活動，位於腦部最外側的大腦皮質主要與理智、合理的判斷有關，位於內部的邊緣系統則負責處理情緒。這兩個區域互相連結在一起，而連結兩個區域的道路稱為巴貝茲迴路（Papez circuit）。此一巴貝茲迴路會讓感情對情緒造成影響，影響大腦皮質發生的理性判斷活動，它和負面思考的增幅作用有關聯。

把它簡單地圖形化後就和下圖一樣，情緒上的經驗或情感抵達被稱為身體情緒「綜合控管中心」的視丘時，視丘會把資

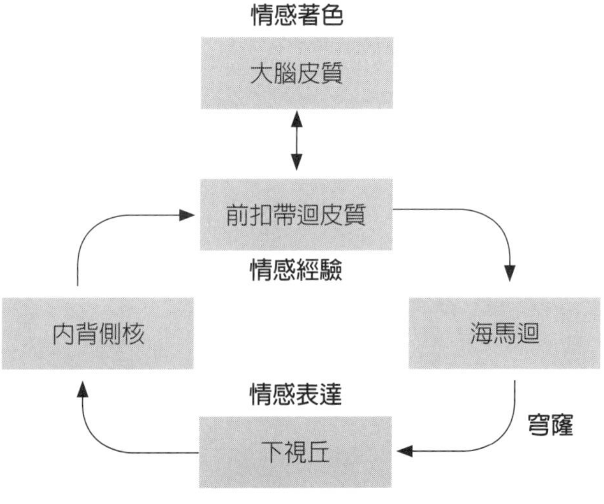

巴貝茲迴路

（出處__神經科學：腦的探究（第3版）

訊傳達至大腦皮質與下視丘。傳達至下視丘的資訊經歷內背側核傳遞至前扣帶迴皮質，它會再次與大腦皮質傳送的資訊結合，然後傳遞至掌管記憶的海馬迴，透過穹窿傳達至下視丘。

從此一迴路中觀看各部位的作用後可發現，前扣帶迴皮質負責情感經驗，下視丘負責情感的表達，大腦皮質則負責替該情感塗上顏色。換句話說，當我們經歷某種情感時，會透過前扣帶迴皮質接納它，透過下視丘表達它，大腦皮質則負責決定它是好或是壞。

巴貝茲迴路就和下圖一樣具備封閉式的連續流動，所謂的封閉就是指就和莫比烏斯帶一樣，進入後就會很難輕易離開。

所以只要產生一次負面的想法，就沒辦法輕易脫離那個流動，問題就在於，往返下視丘與大腦皮質的此一循環迴路在重複的同時，情感會慢慢地塗層變得更厚。

我們經歷的事件會在海馬迴中進行情報分類，以及賦予其意義，位於邊緣系統的杏仁核會處理情感，然後儲存於大腦皮質。

情緒在巴貝茲迴路中重複流動的期間，在經歷大腦皮質的同時，過去累積的負面記憶可能會因此而復甦接二連三地浮現，這些記憶再次經過下視丘時會經歷情緒增幅的過程，大腦皮質中沒有任何相關的過去記憶會再次牽引出負面的記憶，並且形成惡性循環。所以負面思考越頻繁，就會擴散變成其他的想法，情感就會越加惡化。就像是畫圖時如果一直重複塗上，就會搞砸整張圖畫是一樣的情況。

焦慮時的情況亦是如此，相信每個人都曾有過類似的經驗，但焦慮的次數越頻繁，就會變得更加嚴重。剛開始只是輕微的擔憂，但隨著時間過去，會發展成呼吸變急促、心臟就像蜷縮一般的嚴重症狀。焦慮會逐漸變嚴重的原因也與巴貝茲迴路的負面循環有關係，隨著思緒重複浮現，情感的著色也會漸漸變更深，演變成更劇烈的不安。

因此，感到焦慮時趁焦躁或不安等的負面情感惡化之前及時脫逃出來是很重要的，若是放任不管，這一類的想法就會無限延伸，同時讓精神趨向崩潰，也因為這樣，我們需要及時採取能解決狀況的措施。

假設我們現在有一個重要的約會，但卻在開車前往的路上遇到塞車，就算在車內責備自己或是辱罵其他無辜的駕駛也沒任何助益，自己口中說出的辱罵言語最後只會進入自己的耳中讓精神趨向疲憊而已。此時應該把車停在附近的停車場，利用公車或地鐵等不會塞車的大眾交通更快一點抵達，越是拖拖拉拉就只會浪費時間，焦慮的情況也會越來越嚴重。如果能事先打電給對方取得諒解，也需要採取這一類的措施。

每當我擔心上課時間會遲到而焦慮時，就必須事先聯絡主管部門尋求應對之道，如果有人能在我遲到這段時間代替我，那會是最好的方法，若是沒有人能替代我，也能延後開始的時間。事前老實說出狀況取得諒解，被責難的程度相對地就會減少。但因為焦慮而不停跺腳則可能會面臨更嚴重的責難。

藉由換個想法或行動防止焦慮變強烈也很重要，其他想法必須是喜悅、愉快或積極正向的，回想不愉快的過去就等於是替名為焦慮的情感再次著上黑暗的顏色，更具體來說，就是在感到焦慮的情況下試著想像事情順利完成的畫面。

就來以我的情況舉例吧！沒有講課時會感到慚愧，也會因為經濟上的問題焦慮。

不過前面也說過了，就算焦慮也沒有任何意義。我會利用沒課的時間寫書，當書獲得好評時就能彌補上課無法填補的經濟缺口，這樣就能更專注於當下該做的事情，而不會是盲目地陷入焦慮狀態。

擺脫焦慮的思緒轉移注意力也是一種方法，舉例來說，塞車時可以試著聽輕鬆的音樂或是唱歌，依照情況也能看個輕鬆的電影或閱讀簡單的小說，運動同樣也是一項好方法。在不受到妨礙的範圍內，針對該做的事情選擇適當的方法轉移注意力也是不可或缺的。

若是不想要讓東西發霉，就應該讓它曬太陽，無論保管的多麼完善，在黑暗陰沉的地方當然就只會一直長黴菌。

當我們的精神處於脆弱的狀態時，通常腦袋都會浮現負面的想法，避免發霉最好的方法就是讓陰地變成陽地，只要被陽光照射就不會產生黴菌，同理，只要讓陽光照射精神世界，就能讓負面的情感消失不見。

當然第三階段的行為須以第一、第二階段為前提才能發揮效果，在一定會焦慮的緊迫情況下，大概沒有人能若無其事看電影或唱歌。首先，準確地掌握自己的情感狀態，然後幫它貼上名牌。之後透過積極的認知轉換就能緩和焦慮，唯有像這樣完成第二階段，第三階段的執行才會順利。

現在我們來彙整一下本章中談過的內容。

第一階段命名：對自己的焦慮有所認知

- 焦慮時為了消除焦慮的情感，利用後設認知（meta-cognition）意識準確掌握自己的情感。
- 替自己認知的情感狀態簡單命名。
- 情感狀態須簡短命名為「焦躁」、「不安」、「生氣」、「煩躁」等，重要的並非表面上的情感，而是該找出更坦率的情感表達。
- 把感受到的情感狀態簡單寫在紙條或筆記本上，或者是發出聲音唸出來。
- 透過此一方式讓邊緣系統奪走的意識流動回到額葉，藉此提升理性的思考。

第二階段認知轉換：透過積極的心理應對抑制焦慮

- 透過積極的認知轉換壓抑焦慮。
- 認知轉換依照下列階段進行，第一個方法是認清焦慮對於解決問題毫無任何助益的事實，以及明白越是焦慮，只會導致結果越糟糕且壓力會變嚴重。
- 第二個方法是回想過去因為焦慮造成負面結果的事例，想想過去因為焦慮搞砸的事情或結果，一邊記錄一邊讓焦躁與不安的情感趨向沉澱。
- 第三個方法是從積極正向的觀點再評估發生焦慮的狀況，藉此管理情緒。

第三階段狀況應對：採取可逃避焦慮的即刻性措施

- 發生焦慮時，試著想像順利完成時獲得的結果，秉持正向肯定的思考態度。
- 進行可轉移注意力的活動。
- 透過這一類的措施讓名為焦慮的負面情感不會像雪球一樣在腦海中越滾越大。

| 第4章 |

不會厭惡自己的心態

自信與焦慮

我任職於L公司時，曾經和同一集團的顧問公司職員一起共事，當中有一個總是嗓門很大且充滿自信的人，有一天早上開會時，他突然氣喘吁吁跑進來炫耀說自己在公司學會了非常珍貴的技能。他一副自己學會了非常棒的問題解決方法，雖然因為已經過了很久，所以我完全想不起內容了，但所有人都很認真地聽他說話，當時的組長也顯得相當感興趣，並且開始專心聽那個人的說明。不過聽完後發現，那和我一天前留給組長的內容完全一樣，他自豪地說完後，組長則回應他說：「你現在說的內容和昨天梁次長整理的內容有什麼不一樣呢？」

那大概是二〇〇〇年初的事情，雖然幾乎已經過了二十年，但我至今還無法忘記當時的情形，仔細想想他的業務實力並不算優秀，就算是任職於顧問公司，但各方面的能力都比不上獲得顧問公司幫助的我。從實力或力量層面來說我略勝一籌，一起共事的人也都認同，但後來他離開公司，而且順利晉升為國際網路設備公司亞太區副董，我卻必須繼續過著平凡的職場生活。

我和他之間的差別是什麼呢？只有一項差異，對於自己的信賴，也就是自信。

「事業有成的人」和未能成功的人之間通常都會有許多不同之處，但最根本的就是自信，人生的成功看似依照個人的能力所左右，但若是想凸顯自身的能力，就一定要以對於自身能力的信賴、了解自身能力且予以引導的人際關係作為基礎。

年過五十回顧過往後發現，每個人的實力差異並不會太大，反而是實力不夠突出卻充滿自信的人成功的機率高於其他人。這是因為只要自信掩飾不足的實力，並且帶來良性的結果，隨著時間流逝，實力也會跟著提升。

當時的那個人和我之間的差異就在於自信，他無時無刻都保持著正向與樂觀的態度，對自己進行的事情充滿信賴。相反地，我一直都很低調和慎重，對事情缺乏堅定的自信。之所以說那個人缺乏實力，並不是為了刻意誇大事實，他的實力絕對無法稱得上是優秀出眾，但自信感的部分真的不輸給任何人，自信讓那個人毫無任何畏懼，每件事都能充滿信心的推動。儘管實力稍嫌不足，但他那堅定的信心、以信心作為基礎的強大推力卻能彌補實力的不足之處。

一般來說，焦慮多半是因為錯誤的思考或習慣而誕生的。因此，想要消除焦慮就需要糾正這一類的錯誤思考或習慣，最先要考慮的就是自信。大部分常感到焦慮的人都是缺乏自信的人，二〇一五年國際教育研究學術期刊刊載了「聖人的耐心、自信、壓力程度的相互關係」的相關研究論文，印度奧蘭卡巴的馬拉特瓦達大學助理教授Khan Tanveer Habeeb以一百名男、女大學生為對象檢測了學生壓力標準與社會智能標準，結果顯示耐心、自信與壓力程度之間有密切的關係。換句話說，耐心與自信度高時，壓力呈現適當的水準；但若是耐心與自信不足，壓力程度就會偏高。焦慮屬於一種壓力反應，自信心越低，焦慮就會越嚴重。

事實上，一般人都會有一定程度這方面的性向，任何事都會有缺乏信心的部分，無論是哪一種恐懼情節，在和那個恐懼情節相關的領域都會沒有信心，其實只是自信深度的差異而已，這個世界上具備完美自信的人並不常見。偶爾也會有過度充滿信心的人，但那一類的人可以說其實只是掌握狀況的能力不足所造成的結果。

問題就在於每件事無法信賴自己，以及表現出缺乏信心的一面，無論是否有恐懼情節。無法信任自己、對於自己的事缺乏堅定信念，以及瑣碎的事也無法輕易決定的人相當多，如此一來就無法獲得好的結果，那樣的行為模式反覆發生時，自信感就會變低落。最後無論做什麼事都會缺少信心、懷疑結果，以及感到不安與焦躁，隨著對自己的信賴程度變得越低，就越無法輕易擺脫急躁與不安的心情，因此，消除焦慮的第一步就是改變對自己缺乏信心的態度，並且恢復自信。

自重、自我效能、自信

自信是對自己的力量具備的信心，通常我們都會有把自信與自重當作相同意思使用的傾向，最近也很常見到「自我效能」此一用語，但實際生活中自我效能並不像自重或自信一樣常用。關於自信、自重與自我效能這一類看似差不多的用語，心理學家定義的意思卻稍微有點不太一樣。

自重是把自己視為具備價值的人看待，屬於價值取向，把焦點著重在目前的狀況；自我效能是未來取向的信賴，屬於面對特定的課題時，自己是否具備力量勝任的相關信賴；自信與自己面對的課題無關，是指以整體來看時對於自身能力的信心。

心理學家艾倫・蘭尼（Ellen Lenney）把自信定義為「自己對成果的期待，以及對於擁有的力量與過去成果的自我評估」；根據線上心理學辭典來看時，自信是日常生活中面臨的各種大大小小的挑戰或該解決的要求事項的相關自身能力、力量、判斷或信任的相關信賴；另外，澳洲昆士蘭大學把自信定義是「我們對於自己的想法與感受組成的內部狀態」。

站在具備把焦點著重於未來成果的傾向的層面來看時，自信雖然與自我效能類似，但另一方面，基於它是以過去成果為基礎，所以也是把焦點著重在過去。意即，以過去的成果為基礎對未來的成果有所期待也是一種自信。比較這一類的定義後發現，對於自我的信賴也可以說是以自重為基礎的一種自我效能或自信。接下來主要都會使用「自信」此一用語來表達，就算視為自我效能也無妨，重要的是對於自我的想法與評價。

冒名頂替症候群（imposter syndrome）

自信不足是指對自己的力量、可完成之事情的結果、自身具備的價值，以及與他人之間的關係等無法擁有堅定的信任。

每件事都質疑自己、意氣消沉，或是看旁人的眼色，可能也會因此導致結果差強人意。這一類的循環就像莫比烏斯帶一樣以封閉的狀態循環。

充滿自信的人無論進行什麼事都會秉持信念強力推動，不會汲汲於知道結果而急躁或不安，而是帶著從容的態度做自己該做的事，不太會在意周圍的人或看他人的眼色。反之，缺乏自信的人對事情的結果無法擁有堅定的信心，由於缺乏確信，因此會懷疑結果，無時無刻都如坐針氈且感到不安。就算付出努力獲得成果，也無法認同自己的能力，只會認為是偶然或僥倖獲得的幸運。這樣的行為和謙虛不一樣，謙虛者會認同自身的功勞，另一方面也會因為禮貌的關係而放低姿態。

自信不足者往往都有低估自認做的事並不重要的傾向，最具代表性的就是冒名頂替症候群（imposter syndrome）。

冒名頂替症候群是心理學家波林．克蘭斯（Pauline Clance）和因墨斯（Suzanne Imes）創造的用語，它是一種儘管明明是自己努力創造出來的偉大成果，卻將它視為是運氣，認為自己至今都欺騙了周遭的人且感到不安的心理。它也稱為「騙子症候群」，這一類的人不認為成功的因素在自己身上，而是源自於外部的因素，認為自己沒資格獲得他人的稱讚，甚至認為自己是騙子。

波林・克蘭斯和因墨斯說此一症候群主要出現在成功女性的身上，這些女性認為自己並不聰明，同時認為他人都太高估自己了。另外，她們為了不讓他人發現自己是運氣好才成功的，於是便會比他人更加踏實或勤勞的努力工作。再加上為了獲得上司的肯定，也會使用自己的直覺或魅力。好萊塢演員艾瑪・華森（Emma Watson）與娜塔莉・波曼（Natalie Portman）也同樣被此一症候群所苦。

娜塔莉・波曼畢業於哈佛大學，精通六國語言，是一個相當出眾的人才。儘管如此她依舊認為自己沒資格讀哈佛大學，為了不讓他人發現自己是愚蠢的演員，還刻意只挑選艱深的科目聽課，讓世人都相當震驚。這可以說是一種防禦機制，當被期待者發生最糟糕的情況時，為了緩和給予高度期待者所受到之衝擊的心理措施。這一類的心理都是源自自信不夠堅定的關係。

自信若是不夠堅定，很可能就會低估自己或把自己視為卑賤的存在，進而自我貶低。自我貶低與自重是相反的概念，是低估自身價值的行為，同時也是在內心鑽洞傷害自重的行為。一個處於自我貶低狀態的人，當然無時無刻都會焦躁與不安。

就和罹患冒名頂替症候群的人一樣，自己努力獲得的成就也認為只是偶然或運氣好，自信完全蕩然無存，當然也就會擔心自己的幸運耗盡。充滿自信的人只要成功一次，就會深信那個經驗之後也會重複上演，反之，缺乏自信者認為成功是偶然或是靠運氣獲得的，因此不認為自己還有機會，為了不錯過眼前的機會，理所當然就會戰戰兢兢，對事情的執著會更加強烈，也會毫無意義的求快。理性的思考消失後，就只剩下情緒或即興的決定，而這一類的決定方式終究只會造成錯誤的結果。

自信是他人的期待創造出來的產物

冒名頂替症候群源自於意識到他人對自己的期待，缺乏信心者一定都會在意他人的目光，在意他人對於我或是我做的事情的評價。其實只要不去在意他人的目光，依照自己的標準去生活，說不定就不會有「自信」這樣的用語。因為有某人在關注我，以及那個人在評價我的相對概念，所以才會有「自信」此一用語的存在。

實際上自信與他人的期待有一定程度的關係，根據倫敦大學學院ＵＣＬ的學者們於二〇一七年的科學期刊《*eLife*》發表的資料顯示，他人對自己的評價會影響自信的高低。

實際上在此一實驗中使用的表現並非自信，而是自重。但本書混合自重、自信與自我效能，使用在自我信賴的層面上，因此才會想要使用「自信」此一用語表達。

研究團隊於研發自信發生變化時進行的神經過程模型後，以四十名健康的實驗者為對象執行社會評估作業，這段期間則利用ＭＲＩ測量腦部活動的變化。

參加實驗者被要求預測看過自己檔案的人會選擇「好」或「不好」，研究團隊則測量了實驗者預測的情況與實際結果出爐時的腦部反應，在此一實驗中顯示，預測自己會獲得好評卻意外獲得負評的人其自信會降低，當認為他人會給予自己好評的社會預測與現實不符時，自信就會產生變化。這項實驗最後的結論就是，「他人對我的評價」是決定自信的核心。

進行這項實驗的吉爾特（Geert Jan Will）博士發現執行課題的期間自信大幅度變動的人，通常都是自信低、有憂鬱症與不安症狀的人。換句話說，始終無法具備自信，自信越容易受他人評價左右的人，其自信會明顯的偏低，出現進食障礙、不安障礙、憂鬱症等精神疾病的可能性較高。

缺乏自信者對自己的事情無法擁有強烈的信念，無法依照自己的意思去推動事情，會一味地看他人的眼色。若是不幸失敗，會有強烈的恐懼感，對於犯錯也會格外敏感。面對某些事或站在他人面前時無法掌握主導權，有只會一味地跟在他人後面的傾向，若是擁有足夠的自信，就會秉持信念推動或引導自己進行的事情，因為缺乏自信，所以才會不斷地看他人的眼色和拚命地在背後追趕。而且落後於他人的想法會成為導致焦躁與不安的因素。

自由意志與潛在意志

自信能糾正嗎？換句話說，努力是否就能提升自信呢？我們通常都會認為某些行動是依照自由意志而進行的，自由意志是思考的方式與行動都是自由選擇的，但事實上也可能是受到潛意識的影響。近來隨著神經科學的進步，針對人類是否真的具備名為「自我」的自由意志展開了一番爭論，腦科學家羅特（Gerhard Roth）或神經哲學家湯瑪斯・梅辛革（Thomas Metzinger）認為「自我」不過是個錯覺，是腦部虛構出來的，並且對自我提出了質疑。

關於人類自我意志的相關爭論始於一九八〇年代生理學家利貝特（Benjamin Libet）的實驗，他想要測試使用別針刺手時，腦部需要花多久的時間才會認知手被刺中的事實。他使用別針刺患者的手後，信號抵達腦部只花了不到二十毫秒的時間，不過一直到患者感覺到不對勁為止幾乎花了五百毫秒的時間。

這就代表腦部在潛意識中能處理外部感覺的相關資訊，但要辨識它卻需要更長的時間。如果說是〇・五秒，或許有人會認為是同時，但完成瞬間的認知與判斷的腦部中的〇・五秒卻是相當長的時間，這是指意識與行動的時間點也可能不一樣的意思。

後來倫敦大學學院生理學家哈格德（Patrick haggard）重現了利貝特的實驗，他在實驗參加者的頭蓋骨安裝腦波測量ＥＥＧ裝置，並且下達指示說隨時都能按下按鍵，電腦螢幕畫面上有時鐘，參加者只要在想要的時間按下按鍵就行了。

一般的預測是這樣，腦部表現了想按下按鍵的欲望，然後將它傳達至運動皮質，接著運動皮質下令讓肌肉行動，手指依照命令行動按下按鍵。也就是說會先形成具意識的欲望，然後跟

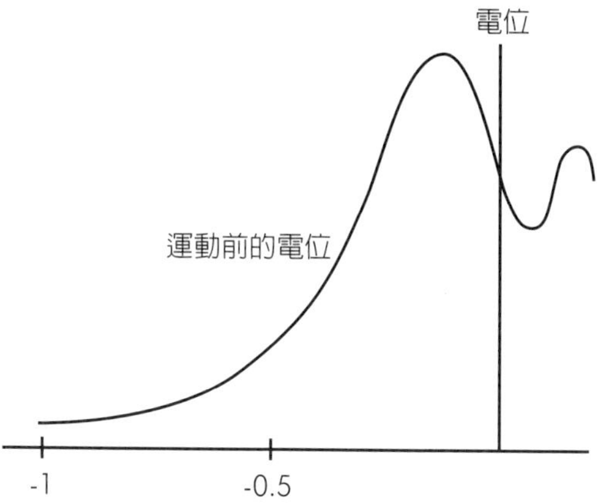

比較意識與行動的時間點

著它去執行運動。

不過令人訝異的是，結果完全相反，運動皮質啟用後，幾乎過了一秒後，意識才發布按下按鍵的命令。換句話說，意識是在先下達運動命令後才予以辨識的，搶先的並非下意識的決定，腦部可以說早已在準備行動了。分析此時出現的腦波後結果如上圖。

這項實驗的結果代表何種意義呢？人類認為自己的一切想法與行動是憑藉自身的意志衍生出來的，早上依照自己想要的時間起床、做想要的事情、吃自己想吃的食物、在想睡的時候上床睡覺、想閱讀時看書、想看電影時看電影，以及想運動時運動，認為一切的行為都是使用自己手上的操縱裝置進行控制，所以人類才會把自己歸類為理性與下意識行動的人類，哲學或精神分析學中所說的自我存在也是從這一類的基礎中形成的。

上面的實驗之所以會對傳統的自由意志概念提出了疑問，是因為在我們意識到之前，腦部會先讓我們展開行動的關係。本來以為平常我們睡醒後去公司、去見朋友、去學習某個東西等所有的行動都是我自己的意志，原來一切都是依照腦部的指令去進行的，這似乎也等於說我們其實是被腦部操控的。

它代表我們日常生活中的行動並非憑藉自由意志，而是依照潛在意志去執行的。真正支配我的勢力不是自由意志，而是由隱藏在深處的潛在意志支配，但人類卻認為是具備意識的自我支配著思考與行動，因此，神經科學家認為我們稱為意志的東西其實不是自由意志，而是潛意識思考創造出來的過程。

這和自信有任何關聯嗎？隨著進入一九九〇年代後期，以神經學家為主軸針對人類在做出決定的過程中情感造成之重要性進行了熱絡的研究，他們主張情感在做出決定的過程中扮演重要的角色，情感的部分造成的影響高於理性的部分。

近來這一類的理論獲得更積極的支持，大部分的神經學家都認為情感在腦部掌握主導權，唯有透過情感、認知的關係才能獲得意義。情感對決定造成的影響有七十至八十％，但它幾乎是由潛意識形成的，只有二十至三十％的決定是經歷具備意識的過程完成的，但就像前面提過的一樣，幾乎沒有任何一項決定是依照自由意志執行的理論較具說服力。

重要的不在於自由意志是否實際存在，倘若人類的思考與行動透過潛意識體現，藉由改變潛意識，會不會就能在未來的某個瞬間讓腦部的判斷引導我們走向更好的方向呢？畢竟我們就是自己大腦的主人。所以培養良好的習慣、正確的習慣，讓其自然而然地累積在潛意識中，相信在需要的瞬間就能發揮力量，腦部也會引導我們自己前往更值得期許與好的方向。

如此可見自信可以說就是源自於潛意識，具備意識的腦部在進行認知前，透過與他人的關係讓學習之效果存在於潛意識中，並且形成內心世界的情感。它可能會成為塑造出充滿自信的我，或是讓我們消極行動的一項因素。

實際上腦部會在潛意識的狀態把我們年幼時期接收的資訊堆積在內心世界，當需要某個判斷時就會當作依據運用，後天的因素也可能會造成自信的喪失，後面的內容將會介紹。不過，隨著外部的責備或失敗累積與堆積在潛意識中，潛意識就會以缺乏自信的面貌呈現在現實生活中。因此為了提升自信心，必須持之以恆付出努力在潛意識中培養自信，以及讓它從無意之間表現出來。

就算外表沒有表現出來，但烙印在潛意識中一切會透過神經元形成神經迴路，在先天上融合成為我們的一部分。只要透過學習予以強化，只要能帶著自信提升使用刻印在潛意識之神經迴路的頻率，它就會超越潛意識成為一種習慣，透過訓練也能加強我們的自信心。

信心降低的原因

先天的氣質與學習的效果

一九九〇年代曾針對法庭的情況進行一項實驗，根據此一實驗的結果來看時，比起焦躁與猶豫不決的證人，具備自信與確實陳述意見之證人的意見受陪審員採納的可能性更高。就算是陳述相同的事實，自信的差異會成為左右證言可信度的決定性要素。

那麼為什麼每個人在自信方面會出現程度上的差異呢？為什麼有些人充滿自信，有些人則缺乏自信呢？喪失自信的理由大致上可分為兩種，一個是天生個性就比較膽怯，另一個則是因為後天的學習。

當結合這兩項因素後，自信心可能就會嚴重受創，但天生的個性屬於先天性的，屬於無法避免的情況。但問題就在於後天性的學習造成的自信喪失，造成喪失自信的後天性學習是由負面的回饋形成的。就算是具備優秀實力的人，若是經常受責備或針對結果受到批評，久而久之自信當然會嚴重受創。

現在我任職於教育機關，在那邊擔任專任講師，以企業職員為對象進行戰略或企畫相關科目的授課就是我的職業。我從很久前就很想做這份工作了，我還是平凡的上班族時就一直夢想有一天能以他人為對象授課，也因為這樣，當我終於能從事這份工作時，我真的覺得非常的開心和幸福。

不過從第一堂課開始就很不順利，我在自己曾任職過的一個大企業進行與新事業相關的課程，雖然我非常緊張，但我算是已經非常認真準備了，再加上有在大學授課的經驗，所以有一定程度的自信。令人遺憾的是，我在課堂上未能獲得好評，每天五小時的課程，總共要連續進行三天，第二天的課程結束後我收到了緊急連絡，原因是聽課者接二連三提出了抗議要求，比起以上班族為對象授課，更像是在學校上課的感覺，也就是認為內容太艱深難以理解的意思。但畢竟已經上了兩天的課，也很難更換講師了，於是便要求我對最後一天的課程內容多費點心思，結果那一天晚上我難過到整晚都睡不著。

就如同與陌生人相遇時第一印象很重要一樣，講師的第一堂課同樣也很重要，我在第一堂課收到了幾乎是不及格的分數。或許只是剛好當時運氣差而已，但令人匪夷所思的是，後來我在企業講課時也都未能獲得好評，儘管我在相同科目的公開授課中曾獲得不錯的評價。當然畢竟授課科目是與戰略或企畫相關的內容，對於一心只希望以有趣和趣味為主的聽講者來說當然會覺得很艱深，但這終究只是自我合理化的藉口而已，評價分數就代表了一切。

雖然我並不認為自己的授課能力差，但有好一段時間我的想法與聽講者的反應一直都有無法縮短的差距。

這一類的事情反覆發生後，慢慢地對於自己的信賴就會開始瓦解，就算是做自己想做的事也無法感覺到幸福，身為一個靠上課維生的人，我的自信消失了，上課也慢慢變得很難熬。授課時認為不開心的時間變多了，或許是評價不佳的關係，企業委託的授課件數也減少了，我當然會感到焦慮，「這樣下去若是沒有課該怎麼辦呢？會不會無法繼續授課了呢？」之類的不安一直在腦海中揮之不去，只要一感到焦慮，那股情感就會隨著時間過去而變得更強烈。

所幸隨著時間過去，我累積了資歷與技能，聽課者給予的評價也變好了，還出現了給予高度讚美的教育負責人，認為授課內容很棒且表達感謝之意的聽講者也增加了。我還曾在授課評價中拿到滿分，消息傳遍了整個公司，當這一類的事情增加後，我也漸漸恢復遺失的自信心。現在無論進行何種課程我都有自信，但內心深處依舊很擔心又會發生那樣的情況，而這也是不爭的事實。

自信的受創就像這樣一樣受到後天學習影響的成分相當大，越是經常從周遭聽見負面言語的人越是如此，從小開始就常被老師或父母親責罵的人長大後也難以對自己的事情有自信，像這樣喪失信心後，隨著時間流逝往往都會演變成焦慮。

後天的信賴喪失若是與先天的消極個性結合，就會變成核彈等級。

本來個性就已經很消極了，若是加上來自外部的責備，對於自己的信賴就會如同春天時因為陽光融化的雪一樣消失不見，而空缺的位置就會被焦慮填滿。

若是失去對於自己的信賴，就會有加速焦慮的隱憂，根據新罕布夏大學艾德爾（Edward Lemay）博士的研究來看，越是擔心自己看起來缺乏信心的人，就越容易失去自信，這是因為當感覺到他人把我視為「沒自信的人」看待時，腦部就會認為「我被當作毫無價值的存在」。對自己失去一點信賴可能就會造成失去更多的信賴，失去更多的信賴就會演變成嚴重失去信心，時間久了就會惡化到難以恢復的程度。缺乏自信的面貌會讓信心更加受創，喪失的自信會造成憤怒、不安與焦躁，自信心越低，當然也就更容易焦慮。

具備高度自信的人與缺乏自信的人比較後彙整如下。

下表中的舒適區（comfort zone）也稱為舒適圈、安舒帶等，指物理上具備人體感覺到最舒適之溫度、濕度、風俗的範圍，另一個意思則是讓人感

自信心強的人	自信心差的人
• 就算被他人指責或嘲笑，依舊秉持自己是正確的想法去行動。 • 承受危險且為了爭取更好的而更加向前邁進。 • 承認錯誤且想要從中學習。 • 等待他人認同與稱讚自己的成功。	• 以他人的想法為基礎管理自己的行動。 • 害怕失敗且想要逃避，同時想要逗留在舒適區。 • 希望趁他人察覺之前隱藏失誤，同時為了導正而拚命地工作。 • 竭盡所能讓更多的人知道自己的優點。

焦慮時與沒有焦慮時的比較

受到最舒適的領域，也會用來比喻使用訣竅適當進行某件事。大致上來說，一般人都會有想要停留在舒適區的傾向，著作《行銷人是大騙子》（*The Icarus Deception*）的高汀說過這麼一番話。

「停留在舒適圈時，你的心情會變從容，可以在不會緊張的狀態下工作或生活，待在舒適圈時對於失敗的恐懼也不會太強烈，因為那是自己熟悉的領域，只要依照習慣行動即可。」反之，只要脫離舒適圈就會無時無刻呈現不舒服與緊張的狀態。不過，脫離舒適圈後若是無法保證自己能表現得很好，就不會想要嘗試脫離那個地方。如果之後遇到超出自己能力範圍的情況，理所當然就會感到不安與焦躁。

腦部告知的自信心程度

達特茅斯學院的研究結果告訴我們一件相當有趣的事實，這所大學的研究員針對能預測人類自信心程度的腦部進行了實驗，主導這項實驗的羅伯特（Robert Chavez）博士說連結前額葉與紋狀體的纖維束使用越發達的人就越有自信，紋狀體主要是獲得回報或感受到快感的腦部，有愉快的事或是發生好事而激動時就會啟用。簡單來說，當發生喜悅和愉快的事情時，對它產生強烈認知與長時間維持的人就會擁有高度的自信，反之，就算發生喜悅與開心的事也無法欣然接受或是無法長時間持續的人其自信就會顯得較低落，前面提過的冒名頂替症候群說不定就是這一類的人，因為原本應該開心接受自己成功的事實，如果只是一味地把它視為是好運，就會難以長時間維持。

另一方面，具備高度自信的人就算是小事也會覺得喜悅和開心且能持續那份情感，但缺乏自信的人卻無法辦到。換句話說也就是能理解前面談過的自信與壓力之間的關係，這個內容與正向思考有直接的關聯，高度正向思考的人其前額葉與紋狀體之間的纖維束聯繫相當強。反之，負面思考的人則並非如此，開心接受喜悅的事情與長時間持續的能力不足。

因此，自信感也和正向思考有關係，想要擁有自信就必須具備正向積極的生活態度，由於此一相關內容和自信同樣重要，因此會在其他章節介紹。

提升自信的訓練方案

自信不足時就會難以表達腦袋裡的想法，也很容易一直看周遭的眼色，不管做什麼事都會顯得畏畏縮縮，在此一狀態下很難百分百發揮自己所擁有的能力。

因此根本就很難順利完成自己該做的事情，缺乏自信的人就和身體被綁住無法使用雙手的狀態下跑一百公尺的情況沒有兩樣，由於手臂無法自由動彈，難以維持均衡的狀態下跑步有往前摔倒的疑慮，再加上無法獲得推力，所以無法提升速度。

因為身體無法依照意志行動，甚至連想要跑步的欲望都消失了，失去意志後呈現有氣無力的狀態。

馬汀・塞里格曼說：「為了糾正自己的弱點與缺點而投資時間與努力是不值得期許的一件事，我相信人生最大的成功與滿足來自於磨練與運用自己的優勢。」與其加強自己的弱點，開發與運用自己的優勢才能帶來最大的效益，優勢（signature strengths）是指自己擁有的強項中最顯著的特殊優點。

我也非常認同這番話，加強弱點需要投入大量的時間或努力，但卻無法獲得太大的效益，也很難保證一定能獲得好的結果，與其加強弱點，乾脆讓優勢變得更強其效益性更大。

自信則是另當別論，自信如果變成弱點，就一定要改善才行，因為自信就和蓋房子時打下的地基一樣，建築物若是想要往上建蓋，其地基就該牢固。自信越強表現出來的力量看起來就會越強大，若是自信心不夠，也就無法在上面蓋高樓層建築物。因此自信是絕對必須先加強的一項要素。

制訂渺小的目標

提升自信與培養自我信賴的第一步就是制訂目標，不過那項目標不能太遠大，自信不足者一開始就制訂與挑戰遠大目標並非容易的事情，就算是很渺小，制訂自己能完成的目標，並且從中獲得成就感是很重要的。最好不要制訂抽象與宏偉的大目標，或者需要投入長時間的大目標，要先從短時間內能完成的小目標、不會太困難就能達成的簡單目標開始。或許有人會說：「想要成功就該擁有遠大的夢想與目標！」要達成宏偉的目標不僅相對地不容易而已，也需要花費較長的時間。缺乏自信者難以挑戰遠大的目標，若是持續進行依舊無法取得好的成果，很可能就會陷入極度不信任自己的狀態。當進入此一狀態時，腦部就會不斷地產生負面的思考，腦海中會出現「不會成功的，放棄吧！」、「你真的能勝任嗎？應該很難吧。」之類的話語，同時引爆負面的情感，最後事情就會失敗，自信心也會比以前更加薄弱。

我們不需要因為別人追求遠大的目標而隨之起舞，重要的不在於目標的大小，而是在於是否能夠達成。加拿大多倫多大學心理學系教授彼得・赫曼（Peter Hermann）說訂立實現可能性低的計畫與目標屬於「錯誤願望症候群」（false-hope syndrome），一般來說遠大與壯觀的目標對於改變行動沒有任何幫助，反而會因為失敗與挫折出現降低自尊心的副作用。

假設有一個人因為某個目標於幾個月後要參加馬拉松大賽，一個完全不曾嘗試跑步的人是無法一開始就跑完四二・一九五公里，不應該一開始就太貪心，而是應該先練習能一口跑完一公里，達成一公里的目標後就換三公里，達成三公里後就換五公里，之後則必須慢慢提升至十公里以上。就算因為沒時間而焦慮也沒用，太焦慮容易倦怠，感到倦怠時就會沒戲唱，最後則會放棄。

剛開始學游泳時，儘管已經過了三個月，我連要一次遊完二十五公尺都覺得很困難，比我晚來的人都超越我升上高級班了，我依舊是在最外側辛苦的打水，我想要嘗試仰式，想要嘗試蛙式，最重要的是我想嘗試蝶式，但因為小時候曾掉進溪水且差一點就淹死，當時的創傷讓我很怕水，而且也沒有自信。或許是因為這樣，都已經快三個月了，水道來回游一趟我就覺得心滿意足了。就這樣有一天，比我晚開始學游泳的人叫我試著一口氣游三趟，當游完一趟後我本來想休息，但那個人卻一直催促不讓我休息，一方面覺得丟臉，另一方面也因為好勝心的關係，我一口氣就游了三趟。這是我開始游泳後第一次突破來回游一趟，我本來認為自己辦不到，但游完三趟後突然產生自信，自信也讓我不再害怕水，不怕水也讓我變得更有自信。

後來我就慢慢增加來回的距離，三趟變五趟，五趟變十趟，十趟變成二十趟，當我沒有信心來回游完一趟以上時，三趟的小小成功賦予了我自信，產生自信後要挑戰更大的目標也就不會太困難。後來我還創下在沒有休息的情況下來回四十趟的紀錄，四十趟就等於是兩公里的距離，假設我一開始就把目標設定為四十圈，大概會害怕到無法達成目標吧。但按部就班一步一步去實踐後，不自不覺就完成了那項紀錄。

社會心理學家羅伊．鮑梅斯特（Roy F. Baumeister）教授說：「人類的意志力有極限，使用的越頻繁就會趨向枯竭。」在一項實驗中讓參加者觀看動物痛苦死去的紀錄片，要求一組人要抑制情感，另一組則可自然地表現出情感。後來還進行了需要憑藉意志力解問題的實驗，壓抑情感的那一組在解題時的表現明顯比另一組還差，實驗結果顯示，抑制衝動或發揮意志力後，隨著解決的困難問題越頻繁，意志力也會漸漸枯竭。換個角度思考，可以說就和一直忍住怒氣，然後在某個瞬間突然爆發是差不多的情況。

此一情況就代表掌管理性思考的額葉可管理的控制力量已經達到極限，由於腦部能使用的能量有一定的程度，如果能量消耗在抑制某個東西與自制的意志力，超過一定程度後就會演變成喪失意志力或自制力的情況。難以達成的目標、超出能力範圍的高難度目標、須忍耐與承受的目標等需要強大的意志力，它會造成意志力枯竭，進而讓人半途而廢。放棄過的事就不會想再去理會，因此，目標盡可能從越小越簡單的開始。

筆者就借用耶魯大學神經生物學家艾米・安斯坦（Amy Arnsten）說過的話稍微再說明一下，若是想專注於計畫與執行某件事，就該正常發揮額葉的功能，不過前額葉的神經迴路若是要正常發揮效用，多巴胺與正腎上腺素（去甲腎上腺素）須達到適當的均衡，多巴胺是讓心情變愉快的神經傳遞物質，正腎上腺素和腎上腺素一樣是壓力荷爾蒙，這兩項物質若是沒有在適當之程度達到均衡，刺激就會降低，進而感到枯燥乏味。

沒有壓力的生活看似幸福與令人滿足，但壓力若是過於太少，刺激就會不足，執行某件事的能力就會變低落，壓力若是過高，執行力又會再次變低落。換句話說，就像是把V或U字顛倒過來一樣，執行某件事時為了達到頂點，需要適當程度的壓力。自信不足怯懦的人訂定與挑戰遠大目標是一種壓力，此時正腎上腺素會過度旺盛，在此一狀態下神經的連結會中斷，無法達成執行工作需要的神經發火（Neuron Fires）。因此，須在正腎上腺素與多巴胺不多也不少的程度下適當維持均衡，以及呈現不具刺激性，也不會受到過度壓力的狀態，此一位置就稱為「最佳點」（sweet spot）。

每個人最佳點不同，如果說有些人會因為小事感到壓力，有些人則總是能處之泰然擁有卓越的壓力承受能力。前者面對困難、事務繁忙時可能會害怕與灰心喪志；反之，後者遇到艱困的事情時甚至反而會產生挑戰精神。

因此必須尋找符合自己的最佳點，如果一開始就逞強訂立與推動遠大的目標，反而會因為超過最佳點導致欲望變低落。

目標的數字也很重要，每當一到新年我們就會訂立當年要實現的目標，有些人只會設定兩個目標，有些人則會訂立十個以上的目標。但年底時回顧過去的一年後發現，目標數量越多的人其完成的計畫就越少，就算訂立的目標少，堅持到最後一刻也不放棄的態度反而遠遠勝過拚命掙扎後放棄的行為。

據說腦部一次可管理的資訊最多只有七個，而這就稱為「米勒定律」（Miller's Law），近來也有人說數字應該減少，腦部一次只能管理四個資訊而已。這是因為腦部的工作記憶（working memory）有限，瑞典卡羅琳醫學院的弗雷德里克（Fredrick Edin）博士團隊利用FMRI套用於工作記憶時觀察了腦部的狀態，結果發現，使用工作記憶時，額葉與頭部上方的頂葉部分會趨向活躍。若是想記住七個以上的資訊，頂葉會妨礙周圍的腦細胞趨向活躍，讓腦部無法繼續輸入資訊。

史丹佛大學教授團隊召募實驗參加者後，讓一組人在走廊上邊移動邊記住二位數的數字，另一組人則是記住七位數的數字。後來團隊提供了對健康有益的沙拉和對健康無益的巧克力蛋糕讓參加者選擇，後來努力想要記住七位數數字的組員選擇巧克力蛋糕的比例明顯更高，這是因為腦部為了記住七位數的數字消耗了能量，已經失去判斷食物對身體是否具備益處的餘力。想達成的目標若是太多，就會像這樣導致判斷力變差，想要的結果也會不如預期。

從另一個層面來看時，追求的目標數越少就越有利是有理由的，與做出決定付出行動相關的前額葉在人類腦部不過只占據三、四%左右而已。體積小也就代表神經迴路不多，神經迴路不多就意味著一次可管理的資訊量有限。試著想像現在要表演戲劇，但舞台相當狹窄，演員卻過多的情景吧！大概會呈現動線混亂、台詞重複、無法正常演戲的場面吧。就像是太多的演員站上狹窄的戲劇舞台上一樣，要追求的目標若是過度太多，前額葉會無法有效運用資源，而且也無法獲得令人滿意的結果。

不需要因為目標渺小而失望或慚愧，就如同成語滴水穿石一樣，一滴滴墜落的水就能讓岩石裂開，和成語積羽沉舟一樣，羽毛雖小只要不斷堆積也能讓大船沉沒。

小小的成功只要不斷地累積就能變成龐大的成功，每件事都無法有自信的人從一開始就設立難以實現的大目標的可能性很高，建立大目標後因為無法實現而受挫和失去信心，很容易就會因此陷入焦慮當中。與其這樣失去信心，訂立小目標不斷地累積成功經驗培養自信會更好，不要因為汲汲於成功而焦慮，應該要著重於提升成功的經驗。如此一來形成潛意識的負面神經迴路就會中斷連結，提升自信的正向神經迴路之連結就會延伸下去。

擁有專屬的成就經驗

建立小目標後予以執行獲得成就經驗是很重要的，當形成一個成就經驗時，它能成為導火線引導出其他成就，那項成就經驗不需要非得壯觀宏偉才行。

點火時一開始就使用大塊的木柴是無法順利點著的，必須先讓稻草或小樹枝燒起來後形成一定程度的火勢後再加入大塊的木柴，相對地，小小的成功經驗匯集起來就能變成大大的成功，重要的是成功經驗的本質。

筆者至今共出版了九本書，往後也打算繼續寫書，之所以能像這樣繼續寫作，是因為我有第一本書成功出版的經驗。我還是上班族時也曾嘗試寫書出版，當時沒有出版社願意與我合作，經過我持續不斷的努力後，終於有出版社表示要幫我出書，實際上也真的出版了。儘管無法獲得豐碩的成果，但當我獲得第一次的挑戰成果後，也就產生了信心。

而且隨著我的第二本著作《觀察的技巧》獲得了好評，我對自己也就更有信心。

後來我陸陸續續又出了好幾本書，甚至還獲得機會上電視等，我便計畫挑戰更大的目標。一次的成功經驗會喚起另一項挑戰，而它也會牽引出另一個成就經驗，漸漸地我對寫作也就產生了信心。假設一開始我寫的書沒有順利出版，說不定我早在很久以前就放棄當作家的夢想。

海恩法則（Heinrich's Law）是原本是美國保險公司職員的海恩（Herbert William Heinrich）發現的法則，一個大事件當中蘊含著二十九個小事件，當中又包含了三百種的徵兆。換個角度來看的話，可以視為是三百個小實踐匯集起來變成二十九個小成功，而這些小成功聚集起來又再次變成了巨大的成功。

管理學也強調想要讓組織產生變化，比起令人目瞪口呆的耀眼成功，不如試著讓組織成員在短時間內獲得小成功。而這就稱為「快速致勝」（Quick Win），只要反覆達成小成功，隨著時間的過去就能創造出耀眼的大成功。無法擁有自信的人因為後天學習塑造出來的可能性高於先天的因素，因此，透過小小的成就體驗過自我效能後，就會切斷儲存在潛意識中的負面神經迴路，並且成為獲得自信的契機。

我很喜歡煮菜，廚藝也算還不錯，只要一有空我就會製作料理，至今我嘗試製作的料理已經有數百種，品嚐過的人大致上都給予正面的評價。儘管我的料理都是透過網路學來的，但我之所以對料理有興趣，以及持續製作料理的動機非常簡單。有一天我嘗試製作了宴會麵，味道遠遠超乎期待以上，這也就成為了動機，我便慢慢開始接觸其他料理。雖然一開始沒有預料到，但當我的料理接二連三獲得了成功，自然而然也就產生了信心。後來甚至毫不猶豫地嘗試了費工與複雜的料理，如果當時的宴會麵很難吃，而我也不再繼續對料理有興趣，說不定我之後就不會想要再嘗試製作料理。

不管做什麼事都一樣，體驗成功是很重要的，一般人很容易就會談起遠大的目標，但與其建立遠大與困難的目標因為無法達成而受挫，就算是微不足道的目標，透過體驗成功才能幫助我們獲得自信。若是無法經歷成功，可能會認為：「幹嘛做這種事呢？」在途中舉起手投降或是無期限的往後拖延。如果能完成某件事從中獲得成就，就沒有理由拖延，但倘若一心抱持消極的態度，就會難以開始執行，會不斷地延後直到演變成無法收拾的地步。另外，也會因為時間不夠而被時間追著跑，進而出現焦慮的情況。

根據多數的研究結果來看，自信、成就與正向的精神健康之間有著密切的關係，自信心越高，成就水準就越高，成就水準高，自信就會上升，這樣的自信會提升正向的情緒。反向思考來看時，自信與負面情緒精神健康則是呈現負相關的關係，自信心越低，負面情緒就會增加，自信心越高，負面情緒就會減少。

下定決心做某件事就如同是槍填裝上子彈，但實際上發射子彈的勇氣源自於成功的經驗，就算是渺小的成功經驗，只要重複體驗後就會累積自信與提升自我效能，不會再對自己的事情抱持不確定性與焦躁。因此，應該要把目標設定在能最先體驗到成功的事情。

發現隱藏的自我

部落格的一名好友建議我試著推動「與作者的相遇」，聽完這番話後，我一口回絕且說：「我從來不曾認為自己是作家。」明明都已經出版了九本書，卻不認為自己是作家！站在聽話者的立場或許會覺得很荒謬，說不定也會認為我是一個非常沒自信的人，儘管這並不是原因，但說不定我在他人的眼中就是一個缺乏自信的人。

想獲得自信就需要有明確的自覺，也就是反映自身情緒狀態之情感的掌握程度。

一般人雖然都認為自己比他人更了解自己，但對於自身情感遲鈍的人卻出奇的多，這一類的人內在自我意識不明確，行動時不會針對該件事思考，也不會考慮行動的原因。也因為這樣，無法確實認清自己缺乏自信、焦躁或恐懼等的事實。

這類型的人有另一個特徵，他們會把他人的情感視為是自己的感受，產生共鳴的同理心能力低落。心理諮詢師、社工、護理師在面對患者後會消耗能量，以及情緒上覺得難熬就是因為同理心造成出現壓力荷爾蒙增加，血壓、心跳加速等的症狀。不過，自覺不足者在這方面的能力較差，多半都無法以相同的狀態感受他人的情感。

這很可能是包覆耳朵周圍的大腦皮質—顳葉內側之腦島的功能低落造成的情況，腦島會傳送信號給掌管內臟器官的腦部區域，讓心臟跳動得更快或者是讓肺部趨向活躍，這樣人體就能吸收更多的氧氣。恐慌症或疑心病等症狀是腦島過度活躍出現的症狀，不過，腦島功能低落的人大致上無法清楚掌握自己的情緒狀態，也就是自覺能力低落的意思。

自信不足者的自覺能力可能很差，也就是說周圍的人看自己的想法與自我的評價之間存在著差距，當周圍的人對自己抱持正向的態度時，會認為只是客套話或是對方搞錯了，以及認為他人誤會自己了。

然而，這個世界上沒有只具備優點的完人，也沒有一無是處全都是缺點的人。

每個人都具備優點與缺點，有些人看起來優點大過缺點，有些人則是看起來缺點大於優點，沒有只具備優點或只具備缺點的人。一個國家的領導者、名聲響亮的人士，以及擁有許多粉絲的人氣藝人也都是如此。

就算自己有缺點，也不應該只執著於該缺點，只要具備他人沒有的優點，那項優點就足以彌補缺點。缺乏自信者通常都是認為自己的缺點比優點更明顯，因此需要擺脫這樣的想法，把一味放大缺點的視角轉向優點，而這同樣也是恢復自信的另一種方法。

首先，試著詢問周遭的人自己的優點與缺點，然後問問自己具備什麼樣的價值吧。強烈自戀的人對自己的評價可能會很寬容，不夠愛自己的人對於自我的評價可能就會很嚴格，因為他們是以自己的價值觀去審視自己。因此，透過他人的雙眼去觀察自我，說不定是能更了解自己的方法。

我對發聲與發音有相當程度的恐懼症，因為我一直都認為自己說話緩慢，而且有些口齒不清晰。因為從小就經常有人要求我：「拜託說話快一點！」久而久之，我對說話就失去了自信，再加上有時候發音不正確，我認為自己的聲音不太好聽。

所以說話時我會格外注意，這方面的恐懼也比想像中還要更嚴重，每當遇見發音清晰和聲音優美的人，我都會覺得很羨慕。

不過有一次，工作上認識的人說出讓我相當訝異的一句話，對方稱讚我的聲音很好聽。或許現在的年輕人都不太清楚，但非常久以前有個節目的名稱是《愛情房轉播》，對方說我的聲音和擔任主持人的元鍾培主播很像，而且還表示很羨慕我。聽完他的那番話後，我很嚴肅地回應說這個聲音一直都很困擾我，而他則表示自己是發自內心且再次鼓勵了我。這是我始料未及的事，竟然有人會稱讚我一直都感得自卑的聲音，我反而以異樣的眼光看待對方。

這幾天我在江南上課時，也有聽課者說了讓我很意外的話，他說自己這段期間聽了很多課程，大部分的講師說話都很快，讓他很難跟上內容，聽完後應該要有思考的時間，但因為說得太快了，根本就沒時間好好思考，所以他在聽課過程中只是不斷地忙著把講師說的話拼湊起來，課程結束後腦袋裡根本就一片空白，讓他覺得相當難過。他的重點就是，我的講課速度不會太快，聽課的同時還有足夠的時間可以思考，因此他覺得相當滿意。

這是什麼意思呢？這段期間自己感到自卑的部分反而被稱讚是優點，真是讓人難以置信。後來在其他課程中我也多次詢問聽課者相同的問題，我問聽課者我說話的速度很慢嗎？他們都表示很慢，但卻不會因為我說話速度慢而感到不舒服，沒有人認為我的發聲、發音與說話速度聽起來不自在。聽過大家的意見後我突然有個想法，說不定我這段期間一直感到自卑的部分，其實可以變成優點，或者至少它不是缺點。

就像上面的例子一樣，自己視為是缺點的部分，周遭的人也有可能認為是優點，就算不是缺點，我們身上也有可能會有自己尚未察覺到的優點。試著聽聽看周遭的人的意見吧！有一點需要特別注意，當他人談論自己的缺點時，千萬不要發飆或內心受創。畢竟每個人的基因不同，思考領域也相當多元化，千萬不要想得太嚴重，試著敞開胸懷、秉持深入認識自我的心情謙虛地傾聽他人的意見吧！在傾聽的過程中會有自己早已知道的部分，也可能會聽見自己完全沒發現的部分。

聽完關於自己的優點與缺點後，說不定會認為自己的優點其實比想像中的還多，也可能會發現自己未能察覺到的優點。自己感到自卑的部分也可能是他人認為有價值的部分，如此一來就會認為自己是相當有用的人，當我們明白此一事實後，就能對自己擁有堅定的信念，也就是產生自信心。當我們產生自信心後，那份自信心就會變成種子萌芽發展為更強大的自信。

以客觀的角度傾聽周圍的人說的話吧，我們不需要整天只會說花言巧語的人，也不能聽只會一味地批評或給予忠告的人說的話，我們需要的是站在客觀角度說出事實的人。應該要撇除太親近或隱約感覺到競爭意識的人，而是該尋找能站在第三者的立場客觀評價我的人，聽完對方談論自己的強項與弱點，以及優點與缺點後試著彙整內容。

說不定能發現讓我們找到自信的領域，不，相信一定會有能讓我們找到自信

周圍的人對我的評價	
優點	缺點
周圍的人口中的我所具備的價值	

的地方。

我擁有的價值也就代表我對那些人所具備的意義，也就是我在大家眼中的存在意義，像是「不可或缺的珍貴存在」、「待在一起會覺得很放鬆的人」、「一直都讓朋友們感到很愉快的人」等都會成為他人眼中的我所具備的價值。這一類的部分很難靠自己去找出來，因為這是我在他人眼中的樣子，唯有經由他人的口中才能確認。我們對待他人的方式可能和他人認為的不一樣，他人眼中的我也可能會更好，可以算是發現了自己未察覺到的珍貴價值。

若是已經透過周圍的人確認過自己的優點與價值，現在就該反覆地把它烙印在腦海中，針對自己的優點與價值進行洗腦。若是認為自己優柔寡斷，但其他人認為我很穩重與值得信賴，就代表那一定是優點而非缺點。只要在腦海中反覆地說「我是穩重與值得信賴的人，我是穩重與值得信賴的人」，潛意識中就會對自己形成正向的神經迴路，在不自覺中對於自己的信賴也會提升。

當自我信賴度上升時，平常原本不斷傳來負面言語的腦部就會開始轉換為正向積極，以前腦部都會出現「這樣可以嗎？應該會失敗，放棄吧！」之類的言語，現在則會轉換為「為什麼會不行？試試看吧！你一定能成功的」正向積極的態度。

當負面轉換成正向時，自信心就會開始提升。

試著傾聽周遭的意見吧！相信就能找到先前視為缺點，但後來發現是優點的部分。那麼至今一直都感到怯懦的部分就會轉換成有自信的部分，當產生自信心時，就會形成執行力，若是能加上成就感，自然就會成為創造出另一個自信心的契機。

我還有一項建議，想要提升自信心，最好盡可能遠離會造成我負面思考的人，並且多和能賦予我正向思考的人親近。前面也提過了，自信心多半都會受周遭的評價所左右，如果和給予負面評價的人一起相處，自信就會低落；但如果能和給予正向評價的人相處，自信相對地就會上升。這樣還不喜歡會賦予我們自信的人嗎？如果情況允許的話，最好盡可能和這一類的人相處吧。

✦ 客觀面對自我

有些人在談論自己的事情時都不會說「我」，而是說名字。舉例來說，他們不是說「我在寫這篇文章」，而是說「銀雨在寫這篇文章」。這一類型的人看起來就像小孩一樣，無法擺脫自戀的思考方式，而且看起來像是不懂事的人。但令人訝異的是，像這樣站在第三者的觀點說自己的方式能幫助我們提升自信心。

二〇一七年七月《科學報導》期刊刊載了有趣的論文，密西根州立大學心理學系教授傑森（Jason S.Moser）寫的此一論文主題是「第三人稱自我對話就算沒有調適認知，是否也能輕易調適情感呢」。

標題的意思是就算不刻意努力使用額葉，以第三者的方式稱呼自己是否也能輕易調整情感呢？

為了驗證此一主題，研究團隊對參加者進行了兩項實驗，那是觀察自稱本人「我」的時候和自稱「名字」時的腦部狀況的實驗。團隊在參加者看過令人厭惡的圖片或想起負面的回憶後，試著說出內心深處呈現的情感狀態，使用 FMRI 觀察了神經活動的狀況。結果顯示，第三人稱自我對話就算不付出較多的努力也能形成自制力，換句話說，在負面的情況下藉由站在第三者的立場稱自己「名字」來取代「我」，就算沒有特別努力進行認知調適，也能調適情感的意思。想要調適情感，就必須辨識情感與尋找應對之道，努力自制或調適衝突等付出認知方面的努力，但如果站在第三者的觀點和自己說話，就算沒有付出這一類的努力也能調整情感。

美國精神科醫生施奈德曼（Kim Schneiderman）說在公司中被視為成功者的人大部分都有一項特徵，那就是會使用第三人稱的方式稱呼自己，也就是說使用「名字」代替「我」稱呼自己的人在實際生活中成功的例子相當多，最具代表的美國總統川普與理查・尼克森，以及籃球選手勒布朗・詹姆士等都屬於這一類型的人。

研究人員說第三人稱的說話方法是能調適自身負面情緒，進而提升自信等的有效技巧。

從這兩個例子中可得到一項結論，藉由稱呼自己的名字取代「我」，以第三者的觀點保持心理上的距離觀察，對於重新塑造自我有一定程度的助益。在無法獲得自信的情況下，從個人的觀點來看一定是負面的情況，若是想要獲得自信，就要理解自己的情感狀態，並且如唸咒語一般不斷地叫自己要有自信，進行認知調適的動作。但此時如果以第三者的立場來看時，在該狀況下就算沒有特別努力調適認知，也能進行獲得自信所需要的情感調適，只要重複相同的步驟，實際上發揮自信的情況也很多。

雖然剛開始難以理解，但沒有自信心就會不斷地聽見負面情感的聲音，也就代表潛意識中形成的神經迴路開始活動了。此時，只要捨棄「我」，站在第三者的客觀角度觀察與說話，那個負面的聲音就會消失匿跡。

仔細想想我也曾有過那樣的經驗，有一天我突然放棄高階人員的職務，開始尋找想做的事情，展開屬於我自己的人生旅程，但實際上的生活並沒有那麼簡單。腦海中描繪的藍圖和現實生活的情況有天壤之別，理想與現實之間的差異讓人生疲憊到幾乎落淚，我就像是自信墜落到谷底且看起來一直都畏畏縮縮的人，為了撐過此一時期，我走在濟州偶來小徑時對自己說了這麼一番話：「銀雨，沒關係，加油，妳一定能勝任的！妳辦得到的！」雖然這是我對自己說的話，但這樣的方式就像是第三者給予鼓勵一般，而且那樣就像是以第三者的立場安撫自己一樣，而且令人驚訝的是，後來我的內心真的源源不斷地湧入了自信心。

或許有人會認為叫自己的名字很幼稚，但就和前面的事例一樣，叫自己的名字可以在不會消耗認知能量的狀態下調適負面情感，並且有助於增強自信。如果換句話說就能提升自信，那又何樂而不為呢？

透過視覺化給予暗示

在我方隊伍落後的情況下獲得角球的機會，隊友跑去運動場的角落準備進行角球，此時我的腦海中開始想像球以膝蓋的高度飛過來，使用右腳奮力踢出球的畫面。終於隊友踢球了，那顆球和想像中的畫面一樣以膝蓋的高度飛過來，我毫不猶豫地衝上前兩、三步後就向上跳躍使用右腳凌空射門，敵隊守門員還來不及反應，球就破門而入了。這是很久前我在一場足球賽中實際經歷過的事情。

每當訪問奧運或大型國際競賽中拿下金牌的選手們訓練過程時，最常出現的答案之一就是意象訓練（image training），這是一種選手們試著想像實際比賽的情況，然後具體描繪在那個情況下該如何反應的訓練。

我們國家以世界最頂尖水準為傲之射箭選手的意象訓練格外出名，以韓籍打者身分在大聯盟表現活躍的秋信守選手在著書《享受今天，夢想明日》中提過意象訓練是他成功的祕訣之一，偶爾在賽前，他還會依照自己的訓練程度或身體狀況在腦海中描繪當天的比賽，而那樣的情況也曾在實際競賽中發生，讓他本人相當訝異。只要內心想著可以從預備擊球區擊出安打，並且接到對方擊出的球，就一定能依照他的預期讓對手出局。

秋信守選手說並不是因為自己能預見未來，而是他會盡可能預測和應對可能會發生的變數。只要一一想像在競賽中可能會發生的情況，然後予以應對的話，當那個情況實際發生時，就能降低慌張的程度，以豁達的態度面對競賽。另外，腦部或身體會在不自覺中自動熟悉各種情況的應對方法或競賽運用方法，在實際狀況中也能做出應對的反應。

被稱為游泳之神的菲爾普斯（Michael Phelps）進行的意象訓練也很有名，他在二〇〇〇年雪梨奧運至二〇一六年巴西里約奧運總共參加了五次奧運，總共獲得了二十三面獎牌，菲爾普斯本來因為情緒起伏嚴重和專注障礙，被判定有認識注意力不足過動症（ADHD），菲爾普斯的教練為了治療他這方面的缺點，於是便嘗試了意象訓練，就是在每天睡前和睡醒後想像自己游泳的畫面。他想像自己從起點依照信號出發的樣子、劃開水的手和腳的動作，以及呼吸的樣子等的一切，就這樣反覆地想像和實戰般一樣的訓練。後來在實戰中也能發揮實力，而且也帶來了不錯的成果。

每件事都缺乏自信的人需要透過意象訓練提升自信心，舉例來說，假設現在為了要承攬一件金額龐大的企畫而在顧客面前進行報告，因為擔心會犯錯而不安與極度缺乏信心，這種時候就要試著在腦海中想像自己報告的情景，試著描繪自己使用宏亮的嗓音、堂堂正正與堅定的態度、雙眼正視顧客且充滿信心進行報告和回答問題的樣子，以及想像自己充滿自信完成報告和獲得顧客稱讚的畫面，相信這樣內心就會感受到源源不斷的自信心。

有些人可能會懷疑意象訓練的效果，但意象訓練確實具備效果，有一句成語是望梅止渴，這是源自於《三國志》的一個故事，曹操為了討伐張繡和劉表而率兵出征，偏偏當時正值六月，士兵們各個都汗如雨水且累倒了，再加上水源不足的關係，飽受嚴重的口渴所折磨。士兵們的士氣早已跌落谷底，看起來大概在交戰前就會敗仗。

就在這個時候，曹操對士兵們說了這麼一番話。

「穿越那座山就會有一片梅子田，在那邊可以盡情地享用美味的梅子，所以大家振作起來吧。」

聽完曹操說的話後，士兵們的口腔中立刻分泌出口水，再次獲得力量的士兵們最後也平安穿越了艱險的高山。

可笑的是，腦部無法區分實際情況與想像，實際上經歷某件事時，接收刺激的腦部只要透過想像就能獲得刺激，當曹操的士兵想像酸酸的梅子時，負責該感覺的腦部的感覺中樞就獲得了刺激，並且讓唾腺分泌口水。

閱讀書籍時通常都會出現讓人聯想到觸感或運動的單字，舉例來說，假設有句話是「她的頭髮如同絲綢般柔軟」，閱讀這句話的人其感覺中樞會在不自覺中感受到製作絲綢時的柔軟觸感。假設內容是「他使用拳頭『匡』的一聲捶了桌子」，就會對捶桌子時的運動中樞，以及聽見聲音「匡」的聽覺中樞造成刺激。像這樣光憑想像就充分能刺激腦部，這一類的刺激就算沒有發生實際行動，也能強化引起此一行動的神經迴路之間的連結。電影《原罪犯》中崔岷植憑著想像就成為擅長打架的高手，而這也是實際上能辦到的事情。

哈佛大學教授阿瓦洛・帕斯科・里昂（Alvaro Pascual Leone）率領的研究團隊進行了一項實驗，他發給一半的參加者只有五隻手指能使用的鍵盤，讓他們連續一個星期反覆練習只能使用五隻手指的鍵盤，另一半的參加者則只給樂譜，讓他們想像看音符演奏的畫面。一個星期後，研究團隊拍攝了拿到鍵盤的參加者的腦部斷層，觀察使用右手手指的運動皮質的數量，以及專心練習之相關領域的擴展程度。

由於其他多項實驗已經證實透過反覆特定動作的學習能讓相關領域獲得擴展，此一實驗結果並不會讓人感到訝異。最令人驚訝的是觀看樂譜想像演奏的實驗參加者，實際上那些人完全不會演奏，不過，光憑想像演奏的他們的運動皮質也和實際上使用鍵盤演奏的參加者一樣，負責右手手指的領域獲得了擴展。光憑反覆的想像就能擴展負責特定功能之運動皮質的領域。

此一實驗結果證明了意象訓練確實具備效果，也就是說，自信不足者也能透過這一類的訓練恢復自信心。在自信低落的情況下想像自己充滿自信心的畫面，前額葉與紋狀體就會趨向活絡，連接它們的纖維束之神經迴路就會獲得強化，因此在實際狀況下也能表現出充滿自信的一面。

我在上課前也經常進行這一類的想像，剛開始上課時我也因為嚴重緊張而說話發抖，因為害怕聽眾看見自己發抖的樣子，所以一直都缺乏信心。

每當這種時候我都會在上課前獨自在腦海中描繪上課的情景，想像自己開始上課的方式、順利完成授課的方式、該如何正視聽眾、該說哪一類的玩笑，所有的一切就和實際上課時一樣。經過不斷的進行意象訓練後，曾幾何時緊張感已經消失不見了，當然我說話時也不再發抖了，也不再因為缺乏信心而搞砸課程。

若是自信心不足，最好能持續進行意象訓練，總有一天就會在不自覺中發現充滿自信的自己。

寫稱讚日記

無論怎麼在一旁催促和鼓勵，若是不抱持關心嘗試去改變，終究很難產生信心。由於想要擁有自信心的主體就是自己，最重要的就是秉持信念持續努力，但光憑籠統的言語是難以實現的，必須持續與反覆地灌輸讓腦部形成神經迴路，其中一項方法就是寫對自己的稱讚日記。

訣竅非常簡單，就是每天寫一項稱讚自己的事情，稱讚的內容沒有限制，就算不是厲害的事情也無所謂，就算不是特殊的事也沒關係，若是當下沒有值得稱讚的內容，試著回顧過往相信一定就能發現值得稱讚的事情。假設平常每天都玩遊戲五個小時，今天只有玩四個小時，這樣也值得稱讚一下。就算是瑣碎的事也要試著尋找值得稱讚的內容，若是找到值得稱讚的事就簡單寫下來。就像是朋友告訴我一般，或是我告訴朋友一般，要能夠感受到溫暖與慈祥。可以寫在日記上，也能製作成檔案，錄音的方式也不錯，內容不要太冗長，找到想稱讚自己的事，然後寫成兩句就行了，一定要帶著真心寫下稱讚的內容。

千萬不要和下列錯誤的例子一樣，使用冷嘲熱諷的方式或者看起來像是勉強稱讚自己一樣，用意是要讓自己擁有自信心，透過此一方式激勵和賦予力量而已，不需要認為很幼稚和丟臉，就算幼稚或丟臉又如何？只要能提升自信就好了，下面會介紹幾個稱讚日記的事例。

〈稱讚日記事例①〉

今天是星期天，我沒有休息在準備上課的內容，還寫了三十頁的稿子，表現得太好了，雖然很累，但只要一點一滴慢慢累積，相信不久的將來就能完成稿子。

〈稱讚日記事例②〉

就算伊瑟耍賴執意不去散步，我也沒有煩躁且忍住不生氣。牠的年紀也大了，所以散步對牠來說也很累吧，我應該要諒解牠的苦衷，沒有對牠發脾氣是對的。

〈稱讚日記事例③〉

今天去散步時被某個小朋友踢的球擊中，讓我當下覺得很煩躁，如果當時沒有發脾氣會更好，不過當我發脾氣後立刻明白自己錯了，所以我便向對方道歉，真是太好了。

〈錯誤的事例〉

每天都玩遊戲五個小時，今天莫名其妙只玩了四個小時耶，太陽要從西邊出來了，表現得太好了。

這一類的內容能幫助提升自信心嗎？若是質疑的話，就試著先進行一百天吧！有人說稱讚能讓鯨魚跳舞，從小就一直被稱讚的小孩其自信心會格外與眾不同。就算是微不足道的稱讚，只要持續不斷稱讚自己，就會慢慢累積在內心世界且帶來變化。就算是深不見底的井水，只要每天投下一顆石頭，總有一天終將能填平那口井水。

實際上稱讚日記對於改變腦部觀察自我的觀點有非常顯著的效果，首先，想要寫稱讚日記就該尋找值得稱讚的事，由於稱讚是肯定性的內容，也能自動驅離此刻浮現在腦海中的負面思緒。另外，在此一過程中負責理性與邏輯功能的額葉會趨向活絡，在使用手寫下腦部浮現之想法的過程中，會使用雙眼接觸內容且反覆地吟誦讓其變成句子，進而刺激視覺與聽覺方面的感覺器官。

而且還能再次刺激進行辨識的額葉，雖然是在稱讚自己，但稱讚的期間感受到快感的紋狀體會趨向活絡，額葉與紋狀體之間的連結通道會被強化，只要持續反覆進行就能提升自信心。

既然要寫稱讚日記，如果內容和他人口中的我的優點，或是我的價值有關聯會更好，與現在的事情有關聯也不錯。直接性的稱讚能發揮更大的效果，但小小的稱讚不斷累積後也能增加內心世界的自信心。

透過運動讓腦部活動

或許有人會認為很莫名其妙，但外在對於提升自我信賴也有相當大的影響，儘管我的身高不到一百七十公分顯得有些矮小，但體重曾經一度胖到七十六公斤，健康檢查時還被判定是高度肥胖。小腹凸出到很難看，彎腰綁鞋帶時都會覺得氣喘吁吁，當時我胖到甚至沒有信心站在他人面前。仔細想想當時那段時期我對每件事都缺乏信心，不過我花了一年多的時間透過調整飲食與運動足足減了十六公斤，後來一切就變不一樣了，我不僅產生了毫無根據的自信感，同時也很喜歡站在他人的面前。

我在業務上的力量或實力完全沒有任何變化，只是塑造出沒有贅肉的健康身材而已，不過當時我終於明白這樣的肉體上的變化能幫助我們產生自信心，也有可能是因為我完成了大部分的人都視為困難的瘦身，進而賦予我即使是更困難的事也能完成的信心呢？反之，近來因為疏忽運動而再次發胖，相對地同時也讓我有種信心降低的感覺。因此，持之以恆運動維持健康也是提升自我信賴的祕訣。

運動會讓腦部活動變活潑，自信心就會因此而上升，腦部無法和身體分開思考，身體運作就能讓腦部變發達，身體如果不動呈現靜止狀態，腦部的活動也會呈現低落的狀態。海鞘於幼體時期會在海中四處漂浮進食，但成年後會一直停留在同一個地方，藉由吃微粒子補充營養。海鞘在一個位置定點後第一優先做的就是吃掉自己的腦部，所以幼年時期的海鞘具備腦部，但在成年後的海鞘身上就找不到腦部。

工程師丹尼爾．沃伯特（Daniel Wolpert）說：「腦部存在的理由就是行動」，腦部完成的一切最終都是為了身體的行動，從腦部產生的所有思考與行動命令最終都會透過行動呈現出來，因此若是沒有行動，腦部就沒有存在的理由。

運動會讓血液流動與代謝變快，體內的血液流動增加，讓神經細胞活化的四種荷爾蒙BNDF、FGF、IGF-1、VEGF的分泌也會增加。雖然多少有些困難，但這些荷爾蒙會讓神經細胞成長，並且創造出神經迴路（BNDF、FGF），刺激神經細胞幫助形成維持正向情緒狀態的神經傳遞物質血清素（IGF-1）。

另外，它對微血管的形成也有幫助，讓血液能順利把營養與氧氣供應至腦部（VEGF）。

這些荷爾蒙的影響會讓腦部的活動變活躍，學業或業務的成果也會因此而提升，運動後使用FMRI拍攝腦部的話，可知道血液流量大幅度上升的事實，而這也是顯示腦部運作活躍的證據。再加上腦部的海馬迴每天都會創造新的神經細胞，運動能促進神經細胞的形成，這也代表能健康與活躍地運動腦部。

運動不僅能提升抗壓性，焦慮時運動的話，不僅能克服焦慮造成的壓力，壓力的反應程度也會上升，也就不會輕易感到焦慮。當我們感到壓力時，位於邊緣系統的杏仁核中會傳達引起壓力反應的命令，收到此一命令後就會分泌壓力荷爾蒙腎上腺素和皮質醇。此一荷爾蒙若是長期分泌，神經細胞間的神經迴路就會減少，與記憶、學習相關的海馬迴就會蜷縮，不僅學習效果會變差，欲望也會消失。

運動能提升抗壓性與減少壓力荷爾蒙的分泌，藉此緩和這一類的症狀，身體就能維持健康的狀態。

綜合來看時，運動是恢復失去的自信心非常好的效果，《習慣的力量》的作者杜希格（Charles Duhigg）說運動是最主要的核心習慣，核心習慣是指引導我們開發其他好習慣的正向習慣，一般人習慣性開始運動時，甚至一個星期改變一次與自己生活完全不相關的另一種模式，運動的人變得更會吃、工作能力變更好、對周遭的人更能忍耐，以及更少抽菸。因此只要持之以恆運動守護健康，對於自我的信賴就會上升。

採取具備自信心的姿勢

也有能輕易提升自信心的方法，自信心也有可能會依照身體的姿勢而不同，如果說有人平常都是呈現駝背蜷縮身體的姿勢，也有人一直都是抬頭挺胸，這一類的身體姿勢會對自信心造成莫大的影響。

一般人都會把「活在姿態，死於姿態」視為代表虛榮與誇示的負面意思，但這句話也包含了重要的意思，重視「姿態」的人無時無刻都能大方表現出自信，且努力展現堂堂正正的一面，雖然不清楚內心的想法，但至少外表展現出不輸給任何人的霸氣，這一類的姿勢也會成為擁有自信心的重要因素。

哥倫比亞大學教授卡妮（Dana Carney）透過實驗證明了這項事實，在召集兩組實驗參加者後，要求兩組參加者擺出不同的姿勢，一組人靠著沙發抬起腳放在桌上，盡可能伸展身體擺出大動作；另一組人的雙腳併攏且手臂貼近胸口，上半身彎曲蜷縮身體。就這樣讓兩組人連續一分鐘擺出不同的姿勢後，針對責任感與權力進行了簡單的實驗，結果顯示伸展身體組其責任感與權力遠遠高於蜷縮身體的那一組。

試著回想一下我們周圍的人吧，具備自信的人不是都會抬頭挺胸展現堂堂正正的一面嗎？他們的嗓門也格外宏亮；反之，缺乏自信者都會駝背或蜷縮身體，說話的聲音一直都是有氣無力。當我們抬頭挺胸時，男性荷爾蒙睪固酮的數值就會上升，壓力荷爾蒙皮質醇的數值就會降低，也就是自信心會升高，壓力會降低的意思。

這一類的姿勢稱為「權勢姿勢」（power pose），站在對方的立場來看時，擺出權勢姿勢的人會賦予值得信賴與堂堂正正的印象，擺出畏縮姿勢的人則會顯得缺乏自信。結論就是，「活在姿態，死於姿態」這句話絕對不是胡說八道或是錯誤的言論，就像是「姿勢開了，人生也就開了」這句話一樣，只要伸展姿勢且時時保持威風凜凜的行動，相對地自信心就會變強。由於這一類的行動不需經過特別的努力就能完成，若是現在沒有信心，就該立刻先改變姿勢，另一方面，卡妮教授的實驗結果顯示，另一組因為無法重現的關係，權勢姿勢的效果無法獲得驗證。但乍看下堂堂正正的姿態確實是對提升信賴感有利而無害。

| 第5章 |

利用正向思考
保護大腦

負面思考與焦慮

負面思考對焦慮造成的影響

雖然我一點都不想說出來，但就如同前言部分說過的一樣，過去的我曾經是一個「焦慮大魔王」，每件事都不安與焦躁，任何事都急著想快點知道結果，無法發揮耐心或靜靜等待某件事。這樣不僅讓我自己感到煎熬，也讓周遭的人很痛苦，經常和他們發生爭執導致氣氛變得很尷尬，生活和蒸蛋一樣坑坑疤疤，坎坷是可想而知的情況。仔細想想我之所以會焦慮，是因為我無法以樂觀的態度面對這個世界，一昧地以負面的觀點看待一切，畢竟我的負面性向遠遠強過於正面性向。我無法看見世界的明亮面、人生的正向面，因為總是只看著黑暗面，或許是這樣，我才會在不自覺當中感覺到人生的艱困，並且變成經常焦慮的個性。

很可惜的是，絕大部分陷入焦慮的人帶著負面思考的可能性很高，換言之，負面性向的人很容易就變成焦慮的俘虜。經歷長久的歲月後，人類的腦部進化成對於維持安全與生存方面會造成威脅的一切要素能更迅速判斷和做出決定，承受壓力、擔心或出現負面想法時，腦部會欺騙自己相信有即刻的威脅，藉此讓自己去對抗威脅，或者是準備逃離那個威脅。腦部讓我們變成先天就對負面想法與情感更快產生反應，人類對於責備的敏感度勝於稱讚也是基於此一因素。

根據認知治療理論來看時，個人觀看世界的方式取決於那個人的思考與價值，一個人的思考方式會決定看世界的觀點，每件事都負面思考的人會對自己的情感、情緒、精神健康造成負面影響。這一類有害的認知可能誘發不安障礙等的症狀，儘管腦部變成對負面思考與感情更快反應，若是長期沉浸於那樣的情感，就會以焦躁與不安看待人生。若是長期處於這樣的狀態，就會每件事都感到焦慮。

臨床心理學期刊報導了擔憂對執行課題造成之影響的研究結果，研究參加者被要求把分到的事物分成兩個種類，在此一研究中，有五十％以上的時間都花在煩惱與擔憂的人隨著分類作業的難度越高其分類事物的能力就明顯越低落，在後續研究中，研究者驗證了執行能力低落是負面思考越嚴重所造成的結果。

當腦部遇到複雜的課題時，負面思考會對明確收集資訊與分類的步驟或思考之力量造成負面的影響。根據此一研究顯示，日常生活中陷入負面思考的人不僅解決問題的能力差，在尋找有用的對策時也格外吃力。前面〈焦慮對生活造成的影響〉中也談論過相關的問題。

對於未來的恐懼

負面的思考會讓我們喪失接受不確定性情況的力量，其中一項就是對於未來的恐懼，捷克小說家米蘭・昆德拉說過：「恐懼的根源在於未來，從未來中獲得解脫者毫無所懼。」

未來是還沒到來的時間，包含了無法預測的無數變數與不確定性，沒有人知道那許多的變數與不確定性會引導未來走向何處，有可能會是對我有利的情況，但也有可能出乎預料地面臨不利的狀況。現在一帆風順的人也可能因為始料未及的事情而面臨危機，經濟上充裕的人也有可能突然失去一切變成窮光蛋，這些都是我們無法預測的未來，因此未來是令人害怕的存在。

仔細觀察出現焦慮的情況時發現，其根源來自對於未來的恐懼，眼前有事情要做，但卻因為不知道未來會出現何種結果而不安，或是擔心結果不符合期待而焦躁。擔心沒有存到錢導致年老後因經濟拮据所苦、擔心突然罹患癌症而悲慘結束人生等害怕未來和期待不一樣而感到不安。

如果人類有能預覽未來的鏡子，那就不會有任何畏懼，也不需要因為不安或焦躁而感到焦慮。但我們不清楚未來會往哪個方向發展，能存錢時就該存錢，然後快點成功找到安定的位置。害怕未知的未來會造成我們的不安與焦躁，沒有人會因為回顧過往而害怕，只會感到滿足或後悔而已，這是因為早已經知道結果的關係。

如果每個人都能預見未來，那大概就沒有理由害怕未來，但因為不知道結果，當然也只能感到害怕了。

而這會再次回歸到自信心的問題，自信心不足就很難對未來有確信，懷疑自己做的事情與不安的心情會讓人對未來心生畏懼，特別是如果過去曾長時間處於艱困當中，那樣的恐懼會慢慢加深，恐懼也會再次吞噬對自己的信賴。最後對未來的恐懼就會演變成陷入焦慮的另一個理由。

腦海中的猴子

心理學家說人類的腦中都住著一隻猴子，這隻猴子會不斷地說話且煩我們，不停地說他人對我們的看法與說了哪些話、做錯事時會有什麼樣的結果、有什麼樣的缺點、我們的能力範圍，以及進行超出能力範圍的事時會有什麼樣的後果，就和下面的例子一樣。

「你能辦到嗎？放棄會不會比較好呢？」

「這樣不行，算了吧。」

「這太難了，不是你能做到的事情。」

「太辛苦了，要不要停下來休息呢？」

「你就是這樣啊，你有任何擅長的事嗎？」

「又開始了嗎？你打算像個笨蛋過到何時呢？」

「這件事非得現在做嗎？今天就稍微休息一下，明天再做吧。」

各位大概早就已經察覺到了，這隻猴子每件事都會提出反對意見和擾亂我們的注意力，奪走我們的信心且讓我們產生負面的思考，讓我們開始或嘗試某件事時會猶豫不決，雖然每個人都會有程度上的差異，但這隻猴子不懂得放棄且執意不斷地和我們說話。

就像是提姆・厄本（Tim Urban）在TED大會「拖延者的心理」（Inside the mind of a master procrastinator）中說的一樣，與其預覽未來後採取行動，還不如追求當下的滿足。當我們下定決心要瘦身時，那隻猴子就會說：「明天開始吧！今天就吃最後一次炸雞吧，」削弱腦部額葉創造出來的意志。當某件事不快點進行就無法在期限內完成時，那隻猴子會說：「稍微休息一下，之後只要動作快一點就能完成，看完上次的連續劇後再開始吧！不是都快看完了嗎？」如果聽信這隻猴子說的話，我們就會失去預測和應對未來的能力，因為會為了追求當下的滿足，把自己的資源浪費在毫無意義的事情。

每件事都提出異議，讓我們追求滿足於當下、偷懶、失去自信、很難開始新的事物，隨著時間過去會恍然發現自己一無所有，因此當然就會感到焦慮。

這隻猴子生活的空間是腦部的邊緣系統，感受到喜悅、開心、悲傷、煩躁、噁心、枯燥乏味是它的本能，它同時也是引起原始情感的腦中部位。位於邊緣系統的猴子會不斷地和訂立計畫、設定目標，以理智應對為優先的額葉進行拔河較力，如果猴子還年幼就不會造成太大的問題，但慢慢地隨著猴子長大說話越來越清楚，被猴子影響的可能性也會因此提升，理智的腦部也會被奪走主導權。

這隻猴子是造成我們焦慮的原因，牠會讓我們無法擺脫焦慮的束縛，為了不要過著被焦慮糾纏的日子，當然就該趕走這隻猴子，是否有任何好方法呢？其實只要我們不餵食那隻猴子就行了，那隻猴子喜歡的食物是負面的思考、偷懶、追求眼前的快樂、失去自信，以及面對不確定性的恐懼，沒有這一類的食物，猴子就無法在我們的腦中生存。

陷入負面思考的原因

基因與環境塑造出的個性

英國心理學家兼人類學家的丹尼爾．列托（Daniel Nettle）的著作《人格》（*Personality*）說人類的性格大致上可分為五種，而這就稱為人格五大特質（Big Five），分別是「外向性」、「責任感」、「開放度」、「親和性」、「神經質」。

外向性呈現平常關心的是自己的內心世界或是外部的世界，外向性越高，就會把焦點著重在外部的世界。比起沉思或享受獨處的時間更喜歡活動性的事物，喜歡與他人交談或相處勝於獨自思考，會不斷地往外活動。相反地，外向性低就稱為內向，通常只專注於自己的想法與情感，會和其他人保持距離。比起和外部的接觸，更偏好閱讀、看電影、想像或是冥想等探究內心世界的活動。

責任感是與衝動控制能力相關的個性，責任感低的人經常做出衝動與即興的行動，呈現意志薄弱、任意妄為與粗心大意的性向。

這一類的人看購物頻道時聽見主持人說「即將銷售完畢」就會衝動地購買清單以外的物品，或者是在賭場之類的地方把錢全都輸光。相反地，責任感強烈的人擁有優秀的自我節制力與管理能力，會盡可能只執行計畫好的事情。旅行時會依照時間細心制訂計畫的也是具備高度責任感的人，責任感可以說是為了某個目標或原則抑制立即性反應的性向。

開放度代表對於新的追求或他人想法的接受程度，開放性高的人會展現出反抗傳統的態度，在政治上呈現進步的傾向，不會想要停留在舊制度。另外，開放度越高就會擁有創造性與獨創性的觀念，主要是藝術家會有這一類的性向。開放度低的人具備保守與頑固的性向，想保護自己的事物的性向很強烈，只執著於自我的主張而已，無法接受他人的意見。

親和性不僅能看出一個人是否能和他人融洽相處而已，也代表對於他人之情感的共鳴與協助程度。親和性數值高的人每件事都很配合，深信他人說的話，也善於理解他人的情感，所以適合團體行動。以近來團隊工作的情況來說，親和性越高的人越適合團隊合作，同時還能發揮協同作用。反之，親和性越低的人冷酷、充滿敵意、和溫馴完全沾不上邊。

因為情緒智商ＥＱ（Empathy Quotient）偏低，難以對他人的意見有同理心，而且協調性低落。組織內親和性越低的人越難融入團體，或者可能會經常發生摩擦。

最後一項特質是神經質，神經質代表對情感系統的反應性。神經質數值越高者對日常生活中遇到的困難造成的影響越大，這一類的人就和敏感度非常高的火災警報器一樣，連小小的擔憂都會有敏感的反應。一般人都能忽視與釋懷的小事，在他們腦袋中也會響起警報，三不五時說「總覺得今天心情不太好」，然後一整天都呈現陰鬱的狀態，被上面的人稍微唸了一下就會斤斤計較難以輕易忘記。杞人憂天也是神經質高的人的特徵，明明職場生活都很順利，卻整天擔心，「如果突然被公司解雇該怎麼辦呢？」明明和女友交往的很順利，卻會不斷地擔心，「這個女人如果拋棄我另結新歡該怎麼辦呢？」因為經常操心與擔憂，久而久之就容易感到壓力，回彈性也會偏低。反之，神經質數值低的人在情感上呈現安定狀態，而且不會輕易受到動搖。

相關內容如同下表，當中會對焦慮造成影響的是

性格特性	數值高的人	數值低的人
外向性	和他人融洽相處與充滿熱情。	不太喜歡和他人玩在一起，喜歡安靜與內向的活動。
責任感	有系統與具自發性。	衝動與大意
開放度	具創造性與獨創性。	偏向實用性與保守性。
親和性	容易相信他人與感受到同理心。	非協助性與具備敵對性。
神經質	容易有壓力，經常擔心不必要的事情。	情感上呈現安定的狀態。

責任感與神經質，責任感低就容易衝動與疏忽，無法依照計畫進行事情，以即興的方式處理的可能性高。換句話說，這一類的人都不會做好事前準備，等到最後關頭才如同被追趕般慌張地開始，因為一味地追求現實的滿足，無法立刻解決問題，甚至還一拖再拖。這種人因為日常生活中的不安與急躁情緒所困擾的可能性較高。

神經質的特徵是「煩惱者實際上也比沒有煩惱者有更多擔心的事」，神經質數值高的人無法擺脫瑣碎的煩惱與擔憂造成的束縛，面對小事情也會緊張或不安，也會對尚未發生的事或發生機率低的事感到擔憂。假設一般人的擔憂當中有五十％左右是毫無意義的，那神經數值高的人則是一百％都是無謂的擔憂。那一類的擔憂會變成禍根，進而對現實生活造成危害，由於這類型的人三不五時就會因為小事而擔心，難以專心進行一件事，經常呈現焦慮狀態的可能性高。因為總是毫無理由莫名地擔心事情的發展，對於結果會感到焦躁與不安。

像這樣無法擺脫瑣碎的煩惱與擔憂的神經官能症狀者通常都很容易陷入焦慮，威斯康辛大學心理學系教授理查．戴維森（Richard J.Davidson）說有高度神經官能症狀者受挫時的恢復速度較緩慢，觀點較偏向憂鬱與負面，思緒較遲鈍且不擅長集中專注力，這些都和個人的個性與情緒有關係。

失去均衡的大腦功能

無論是先天就具備或是後天環境造就，腦部的物理構造也會對負面性格造成影響，神經科學家丹尼爾・亞曼（Daniel G.Amen）說視丘、下視丘等與人類情感調適息息相關的深層邊緣系統（位於邊緣系統最內側的部位）過度活絡者，多半會出現嚴重煩躁與每件事都抱持負面觀點的傾向，推動事情的動機也會減少。

與運動功能相關的基底核過度活絡者會不安與焦躁，同時呈現悲觀或強迫的性向，基底核負責執行運動功能，屬於掌管情感之邊緣系統的一部分。此一部分若是過度活絡，情感上就會一直呈現敏感的狀態。

人類的情感系統之所以會設計成對於負面事物更敏銳是為了生存，在高興或愉快等的正向情況下，就算誤解周遭環境傳送的信號也不會對生存造成嚴重的影響，但在面臨危險或可能感受到死亡恐懼的負面情況下誤解信號，生存可能就會面臨困境。在森林中遇到陌生的存在時，若是無法及時判斷「要戰鬥還是逃跑」，可能就會失去獵物或成為野獸的食物，這就和部長大發雷霆時不該拿文件去給他簽名是一樣的道理。腦部的構造會依照本能對負面的情況更加敏感，不過扮演這一類作用的邊緣系統過度活絡就代表那個人的思考、價值或信念等平常也會過度偏向負面，觀看世界的方式或對待人際關係的方式當然也只能往負面的方向發展。

這類型的人面對他人無心的言論時，可能會質疑回應，「你幹嘛那樣說話？」或者當他人表示擔憂時，卻以深具攻擊性的方式回應。非常久以前有一位朋友移民到加拿大，因為我很清楚那個朋友的經濟狀況並不充裕，基於擔心便問說：「應該要花很多錢吧，你有稍微準備一些錢嗎？」我不清楚這句話是否含有被誤會的成分，但當時朋友顯得相當不開心，他應該是誤解認為我的意思是「要有很多錢再移民」。

扭曲他人意思的反應是深層邊緣系統過度活絡者的典型症狀。

在嘗試某件事之前都會出現「行得通嗎？」、「不用想也知道一定不行」之類的負面反應。另外，位於邊緣系統與大腦皮質邊緣的扣帶回（Gyrus cinguli）若是異常活絡，就會執著於同一件事，或是腦海中不斷地迴盪著相同的想法，活在慢性擔憂的世界。

談到負面情感當然也少不了杏仁核，負面思考者其負責害怕與恐懼的杏仁核都是過度活絡的狀態，控制它的前額葉的功能相對地多半都偏差，當我們感到害怕、恐懼、擔憂或不安時，前額葉扮演認知、理性應對，以及抑制的作用。另外，它會辨識快樂，以及發送信號讓腦部的酬賞中樞趨向活絡，進而分泌快樂荷爾蒙。由於負向思考者在這方面的功能較低落，當遇到某個事件要戰勝挫折恢復平靜情緒狀態時會比較困難。

試著回想一下前面自信感篇談過的內容，充滿自信的人其前額葉與紋狀體之間的連結通道相當發達，小事情也能感到快樂，以及可長時間維持這份情感的人都具備高度的自信心。反之，個性負面的人其連結前額葉與紋狀體的通道發達的程度比正常人更差，當有愉快的事情時，這類型的人同樣也能感受到快樂，但接受快樂與維持此一情感的力量卻明顯較差。

假設現在和想要的出版社簽訂出版契約了，通常這種情況一定都會覺得開心和愉快，一般人都會長時間持續這份愉快的感覺，會感到心滿意足，也可能會向周遭的人炫耀。雖然隨著時間的流逝，這份情感會稍微減弱，但應該長時間都會保持愉快的好心情。但負面情緒者並非如此，儘管辛苦著作的原稿有機會出版了，卻只是短暫覺得愉快而已，甚至會出現「這種事任何人都能辦到吧」、「就算這樣結果也不會好到哪去吧」之類的想法，隨著時間過去，愉快的情感會消失不見，同時開始擔心，「一切都會順利嗎？」

負向思考者的前額葉與紋狀體之間的連結通道較弱，但杏仁核與前額葉之間的連接通道比正常人更過度發達，杏仁核本來的功能是找出不安或恐懼的情感，讓額葉採取適當的應對措施，過度的發達是指連雞毛蒜皮的小事也會感到不安與害怕。再加上，連接前額葉的通道過度發達就代表有負面的信號不斷地傳送至大腦。

無法擺脫負面思考、憂心或擔憂的人或許是因為天生的個性使然，但更重要的是，這類型的人腦部功能本身的運作方式也不同於其他人，主要是情感中心邊緣系統與扣帶回過度的活絡、具備控制能力的前額葉之功能較差的緣故。原本視為心理或個性上的問題也有可能是腦部先天條件或後天環境造就出來的結果。

想要擺脫負面思考的訓練方案

想要擁有正向思考的生活，就必須遠離負面的思考，以及擺脫對於未來的恐懼，也就是要糾正個性或變更想法。腦部若是被定型，那就要改變腦部的構造，這就和面對懸崖是相同的感受，因為定型的個性是很難改變的，成人更是如此。

就像是「江山易改，本性難移」這句話一樣，要改變個性可說是困難重重的一件事，更何況要改變腦部結構更是困難。也無法動手術，就算動手術也沒辦法透過人為的方法連結或清除神經迴路，所以改變思考模式是非常艱困的事情。儘管長久以來我們都堅信「人是無法改變的」，但近來相信人的個性可以改變的理論陸續登場，不是從心理層面改變，而是透過重組腦部的模式。

提升腦部的可塑性

努力真的就能改變想法嗎？從經驗上來看時很困難，成長過程塑造出來的思考或價值觀難以輕易改變，儘管如此還是有希望，因為腦部具備名為可塑性（plasticity）的驚人特性。可塑性是源自於物理學的概念，它是指假設對某個物體施加物理上的力量，於清除力量後也會維持其原來的面貌，就像是使用黏土製作人物或動物一樣。

刺激腦部往特定方向訓練的話，腦內就會形成連結迴路，就算時間流逝也會維持不變。也就是說透過經驗與訓練就能把腦部的結構塑造成期望的目標，弦樂器演奏者主要使用左手壓著弦，使用右手彈弓發出聲音。由於通常演奏者都會反覆不斷地練習，因此負責左邊手指的大腦皮質的厚度都會比一般人更厚與更寬。

倫敦的計程車司機開車時不能使用導航，如果想在高達四萬條以上的倫敦巷弄中開車，需要特殊的學習與記憶力，負責短期記憶的海馬迴的功能必須相當優秀才行。據說實際上倫敦的老練計程車司機們的海馬迴都比一般人更大，弦樂器或倫敦計程車司機的例子顯示透過努力可以改變腦部的結構。

透過正向積極的想像讓腦部趨向活絡後，經由想像活絡的領域會形成突觸，進而塑造出互相交換資訊的通道。想像的頻率越高就能強化突觸，塑造出和石橋或水泥橋一樣堅固的道路。雖然多少含有誇張的成分，但許多自我啟發專家之所以會主張藉由想像就能完成，就是以這一類的理論為根據。對於無法區分想像與現實的腦部來說，持續植入好的想法和澆上正向思考的水，腦部就會給予回報往好的方向改變，產生變化的腦部就能引導我們走向更美好的人生。

精神神經免疫學談到思緒會在腦部引起特定的化學反應，然後腦部會分泌化學物質傳遞至身體，藉此讓我們的身體產生和想法一致的感覺。只要想著幸福的事情，腦部就會分泌讓人感到喜悅與興奮的多巴胺，分泌多巴胺後，我們的身體就會呈現更具活力的狀態，不僅心情會變愉快，專注力也會提升。反之，若是出現生氣或憂鬱的想法就會分泌多肽，它會過度攻擊細胞造成加速老化等的不良影響。

雖然結論顯而易見，但就是這樣才會說正向思考很重要，只要進行正向與幸福的想像，腦部就會配合形成物理上的變化，透過分泌適合的化學物質讓身體也產生變化。加拿大約克大學教授馬爾（Raymond Mar）說：「人類的想像力能讓假想情況變成和現實一樣讓身體產生反應。」就算是個性負面、整天擔憂的人，透過改變腦部的模式就能擺脫焦慮的糾纏。

腦部是一個看似相當複雜與深奧的存在，但深入了解後發現，它其實很單純也是容易受騙的存在。就像是透明的水滴入紅色顏料時水會變紅色，滴入藍色的顏料就會變藍色一樣，腦部的功能也會依照分泌的荷爾蒙改變。

透過正向思考引導出開朗情緒的荷爾蒙若是增加，腦部的功能也會變不一樣，同時分泌引導腦部轉變為正向情緒的荷爾蒙。正向情緒提升時，正向思考之神經迴路的連結就會增加，當連結獲得強化時，觀看世界的目光就會不一樣，生活會變得更愉快和幸福。

採取三個階段的認知行動

負面思考可透過三個階段的認知行動治療改變，三個階段如下。

第一階段：記錄腦海中浮現的負面思考。

第二階段：反駁負面思考。

第三階段：把負面思考變成正向思考。

和前面談過的消除焦慮所需要的三階段認知行動治療過程差不多，個性負面的人在認知之前多半都會自動陷入負面思緒，因為負面的思考早已經變成習慣了。當放任不管時，觀看世界的觀點就會扭曲和定型為負面，此時需要質疑腦海中浮現的想法是否正確，以及練習試著去予以導正。我想要介紹一下某個線上媒體寫的文章，因為內容有點長，所以我只摘取需要的部分。

我偶然遇見了一個高中時的同學，在學校時我們幾乎沒有任何往來，當時的我是一個靜靜認真讀書的模範生，但是那個朋友學生時期翹課的時間多於來學校的時間。就這樣有一天喝酒時發生了偶發事件，這個喝醉的朋友讓許多人差一點就陷入危險當中，幸虧最後沒有演變成太嚴重的情況，但因為第一次遇到這種事，讓我覺得非常不開心。隔天，我跟那位朋友說前一天的情況很危險，拜託他以後要小心一點，後來那位朋友說：「自己這輩子一直都很沒有人緣，有一個能給予忠告和建議的朋友，讓他覺得很感激。」

聽到他說自己這輩子都沒有人緣時，我稍微指責了他一下，但我平常同樣也一直都有那樣的想法。我一直都對他人心懷不滿，為何我的周圍都沒有好人呢？為何我的周圍都沒有幫助我的人呢？頓時我突然有個疑問，我之所以會過得如此辛苦「會不會是因為我的行動造成我沒有人緣的關係呢」。仔細想想，一直以來我似乎都無法成為讓大家感到舒服的存在，慢性睡眠障礙讓我一直都處於神經敏感的狀態，再加上我有躁鬱症，我沒辦法以一致的方式對待他人，負面的個性也讓周遭的人感到不安與疲憊。儘管過得很煎熬，但至今之所以都沒有遇到太嚴重的問題且撐到現在，說不定是周遭的人給予幫助的關係。無論是就讀大學時、就業時、去美國留學時、離職時、變成無業遊民時一直都有人對我伸出援手。

我們經常會使用「人緣」之類的用語，也會站在正向的角度使用「我真是有人緣的人」之類的話，但站在負面的角度說「我真是沒人緣」之類的話的情況更多。說不定沒有人緣也代表我是一個對待他人不夠好的存在，所以與其自怨自艾，要不要試著努力稍微加強一下人際關係呢？

這是一篇以「人緣並非天生的，而是創造出來的」為主題寫的文章，在此一文章中完整加入了消除負面思考所需要的認知行動治療三階段，剛開始談到「我是一個沒有人緣的人」。

這是腦海中自動浮現的負面思考，評論自己是一個沒有人緣的人，但在感嘆自己沒人緣後立刻想起曾幫助自己的許多人，而這同時也反駁了前面的負面想法是不正確的。

最後談到由於人緣不是天生的，而是靠創造出來的，如果認為自己沒有人緣，不要感嘆自己的際遇，最好能試著對人際關係多費點心思。

這就是把負面思考轉換為正向思考，是脫離負面思考的認知行動方法，內容彙整後如下。

第一階段：記錄腦海中浮現的負面思考。

↓「我是沒有人緣的人。」

第二階段：反駁負面思考。

↓「我之所以能撐到現在，是因為有周遭的人幫助我，當我累倒時一定會有人攙扶我。」

第三階段：把負面思考變成正向思考。

↓「沒有人緣這番話是不對的，與其感嘆際遇，倒不如為了更圓滑的人際關係而稍微更努力一點吧。」

雖然上面談到的人緣，但另一方面我也經常會有「為何我會這麼倒楣呢？」之類的想法，想做的事無法順利完成，一直都過著和金錢無緣的日子。不管做什麼都總是遇到一些瓶頸，所以才會長時間把自己是一個運氣差的人視為事實看待，但仔細想想我並不是完全沒有運氣的人，反而可以說是運氣很好的人。

大學時我以產學合作獎學金的身分找到第一份工作，一直到研究所為止連續四年都有領到獎學金，進公司後一直都有在升遷名單中，也不曾被其他同事比下去，我反而比其他人都更快晉升。當全國國民因為金融風暴而陷入水深火熱時，我則在美國讀書度過人生最顛峰的時刻，雖然偶爾會遇到難關，但每當這種時候我都能獲得更高的年薪且換到更好的工作。有一天我突然離職幾乎有一年半的時間都是無業的狀態，但後來我以講師的身分再次獲得經濟上的來源。另外，我著作的書也成為最佳暢銷書籍，並且被各個機關選為推薦圖書，雖然我曾認為自己是和金錢無緣的人，但至少目前為止生活上沒有任何問題。

就像是人生不可能一直都是上坡一樣，我也只是像搭乘雲霄飛車一樣來回頂端而已，雖然有時候運氣很差，但相較下運氣好的時間更多。每當認為一扇門關閉時總會有另一扇新的門開啟，所以我說自己運氣差的那番話並非事實，說不定我並不是運氣差的人，而是運氣特別好的人。

每當腦海中浮現負面思考時，我都會把內容寫成文字，在反駁那並非事實後，只要反覆持續地進行正向思考的訓練，負面思考就會慢慢地減少，最後我也終於得以從負面思考中獲得解脫。此一過程能讓我們的注意力從情感的腦部中轉移到理性的腦部，藉由客觀的角度看待非事實的事情，讓我們能接受真正的事實。只要重複此一過程，原本被情感支配的腦部就會慢慢恢復理性的能力，然後就能以它作為基礎思考和行動。

倘若腦海中自動浮現負面的想法，就應該先讓那個想法剎車停下來，而且千萬不能被眩惑，要仔細去追究和反駁確認那個負面想法的正確性。仔細端詳後就能從視為負面的層面發現藏在當中的正向面，那麼就需要改變面對情況的態度，而這就是轉換負面思考的認知行動訣竅。

腦部訓練課程的創始者瑞克．韓森（Rick Hanson）博士說：「完成把負面想法轉換為正向想法之訓練課程的人其不安與憂鬱的症狀明顯降低，相反地，自制力、愛、同情心、慈悲心、喜悅、感謝、對於生活的滿足等整體的幸福感增加了，生活的品質完全改變了。」

負面的想法雖然根深蒂固難以糾正，但另一方面，正向的想法可以取代負面的想法，只是需要努力而已。

正向的想法就像是賦予腦部的一種獎勵，當獲得獎勵時，腦部就會感到愉悅，為了感受到更多的快樂，就會要求更多的獎勵，所以就該進行更多的正向思考，生活本身也就會變得不一樣。

✦ 克制使用負面詞彙的頻率

〈前言〉中談到負面思考是長距離賽跑中的障礙物，如果跑道上都是懷疑、負面、譏笑、反對等的障礙物，就無法順利地向前跑，這一類的想法大部分都會在思考前自動浮現，因為腦海中的猴子會一直不斷地扔出這一類的詞彙。我們特別需要改變自己在不自覺中說出的話或思考習慣，為了降低自動浮現於腦海中的負面思考，最好注意下列事項。

- **克制負面詞彙的使用。**

加入「經常」、「一直」、「絕對」、「沒有人」、「全部都」等的詞彙。

——你有在準備煮菜時都會跑去廁所的壞習慣。

——我一直都很不順遂。

——我絕對無法成為有錢人。

——沒有人會幫忙我。

——最近的年輕人全都很自私。

- **不會把焦點放在負面的事物或以負面的觀點預言。**

任何一種情況下都會有好或壞的成分，但不要總是只看壞的一面預測結果。

——這份原稿說不定無法出書。

——不用看也知道這次考試一定會落榜。

——這次的企畫大概會失敗吧。

——從手相來看時，我大概會很短命吧。

- **不會自責或責備自己**。

不會把某個錯誤的責任歸咎於自己。

——我現在會如此辛苦是因為年輕時沒有努力生活的關係。

——我的小孩之所以會走偏，全都是因為我對他漠不關心。

——我這一生太失敗了。

——我太懶惰了，所以什麼事都做不了。

- **不會隨便亂揣測**。

對於不確定的情況不會光憑猜測判斷。

——那個人一定對我負面的看法。

——我似乎被部長盯上了。

——大概沒有人喜歡我吧。

• **我不會責備或對他人貼上標籤**。

不會因為自己的問題責備他人，不會對自己或他人貼上負面的標籤。

——我太愚蠢了。

——那個人非常狂妄。

——這次的企畫之所以會失敗，是因為A沒有扮演好組長的角色。

負面語言的使用在各個方面來說是造成負面思考的因素，也會成為賦予負面信念的契機，腦部經由反覆的正向思考強化神經迴路的連結，若是習慣性使用負面的語言，在不自覺中視覺和聽覺都會受到刺激，它會觸發引起負面思考的神經連結。感覺不安或恐懼等的杏仁核會毫無意義的變敏感，抑制它的前額葉的力量會受到壓力荷爾蒙的影響而減弱。隨著時間的過去，負面情感就會被強化，可以控制它的認知能力會變低落，自然而然就會定型變成負面的世界觀。如果使用正向的語言就能獲得相反的效果，若是想擺脫負面的思考，說話時要格外小心，這就是改變說話習慣重要的原因。

此外，盡可能遠離會讓人感受到負面情感的情況，以及遠離負面思考的人也是減少負面思考的方法之一，就像前面提過的一樣，過去我也曾是一個相當負面的人，因此讓周圍的人非常煎熬。雖然這樣的話題會讓我「很心虛」，但負面思考是一種情感，情感通常都會傳染的。若是遇到負面的情況或者是與言行負面者相處的機會變多，自己也會變得容易陷入負面思考。

「在背後說人閒話」就是如此，如果和在背後批評人的某人一起相處，自己當然就會加入批評的行列。想要說他人閒話，腦部就必須浮現那個想法，為了用嘴巴說出來就必須使用運動皮質發出聲音，而且要使用耳朵聽自己說出的話，因此也會使用聽覺皮質。

雖然只說了一次閒話，但站在腦部的立場算是經歷了多次的負面經驗，因此，如果在背後說某人的閒話，在不自覺中就會形成負面的神經迴路，同時陷入負面的思考。最好的方法就是避開那個場合，不只是說閒話而已，如果身邊有每件事都不認同、表示不滿或是抱持負面觀點的人，最好盡可能和他保持距離。

另外，負面思考的人往往都有「為何我的周遭都沒有不錯的人呢？」之類的想法，因為他們都不清楚原因在於自己，當感到孤獨或煎熬的事情時，卻認為沒有能分享心事的人，那就試著仔細反省自己的心態！說不定可以從中找到答案。

尋找最佳點

就如同喪失自信心的理由是後天學習造成的，負面思考同樣也是由學習塑造而成的，最大的因素就是對於失敗的恐懼。一般人對失敗都會很敏感且害怕失敗，因為失敗會讓人畏縮且失去自信，隨著失敗的次數越多，就會越加懷疑自己的能力，這份懷疑會演變成自卑或指責等負面的思考。但這個世界至今經歷無數的失敗才進化成現今的樣貌，如果沒有前人經歷失敗，說不定我們就無法享有現在的成功。一口氣就獲得成功的人少之又少，所有成功者的背後都有無數的失敗，因此想要擺脫負面的思考，就必須讓自己對失敗變遲鈍才行。

任何事若是無法敞開胸懷接受失敗，就會變逼迫且演變成壓力，個人承受壓力的程度因人而異，有些人抗壓性低，有些人的抗壓性則很高。必須透過適當程度的壓力來尋找最佳點，造成失敗的因素一定是壓力，如果抱持「就算失敗只要再挑戰就行了」的想法，承受壓力的程度就會變高；但若是一心想著「不能失敗，一定要成功」，承受壓力的程度當然就會變低。在這種情況下若是經歷失敗，就會發展成自卑的心態。

「失敗為成功之母」雖然是讓人聽膩的一句話，但失敗能讓人變堅強，可以說就和下過雨後的大地變得更堅硬是一樣的道理。現在被認證為最頂尖主持人的劉在錫說自己以前也經常很不順和陷入困境，我印象中的劉在錫剛出道的狀況可以說是最糟糕的，說話口齒不清晰，而且也很無趣，每次只要看見他我就會立刻轉台。當時他的一切都不如意，想必內心一定很失望，《言之命至》這首歌也完整呈現出他的心情，會不會就是因為經歷了那樣的過程，他才能像現在一樣深受大家的喜愛與尊敬呢？

沒有經歷過失敗，一開始就一帆風順的人沉醉於驕傲與傲慢而墜入深淵的可能性很高，古人說人生不該做的其中一件事就是「少年得志」！

這句話源自於《小學》，是中國宋朝的學者程頤說的話，原文是「年少登科，一不幸」，詳細的意思如下。

人有三個不幸，第一個是年輕時在科舉考試合格；第二個是靠父母的權勢獲得好的官職，也就是現代人說的含著金湯匙出生；第三個是才能出眾且文筆優異。第二個和第三個對現代人來說大概很難認同，但第一個不幸則會讓人不由自主點頭同意。年紀輕輕就成功的人可能不會明白自己的成功所具備的價值，所以容易陷入驕傲與傲慢的陷阱且變得貪而無厭，一心只想要出人頭地而已。孟子說「其進銳者，其退速」，意思是前進太猛的人，後退也會快。

這番話可能是要警惕世人成功都會經歷失敗的，不過我則有稍微不同的見解，沒有經歷過失敗的人無法明白戰勝失敗達成某件事的成就感所帶來的甜美滋味，每件事都輕鬆取得成功的人可能會把所有的一切都想得很容易。為了達成某個目標，在經歷無數失敗後好不容易達成時，腦部的酬賞中樞會啟動，並且分泌名為多巴胺的神經傳達物質讓心情變愉快。

比起期待某件事達成目標的時候，當完成某個完全沒有期待的目標時，多巴胺能發揮更大的效果。

比起收到期待中的獎勵，收到根本就沒有期待過的獎勵時的心情會更棒就是此一緣故。從小輕易就體驗成功，不管做任何事都成功的人在成就某件事時，無法感受到莫大的喜悅，因為他的日常生活「當然」已經充滿了成功。但經歷不斷失敗好不容易才成功的人，在那份成就感中獲得的喜悅則是龐大到難以言喻。

人生是不斷地挑戰與成長的過程，曾經存在於這個世界上，以及目前存在於世界的人當中大概沒有任何一個是完美無瑕的人，被稱為投資鬼才的華倫・巴菲特、管理學大師彼得・杜拉克也是在一輩子都在挑戰且追求成長的過程中成名的人物，任何人都會經歷失敗、挫折與傷痛，但戰勝傷痛從失敗中開鑿成功不就是人生真正的喜悅嗎？

《周易》中有這麼一句話「亢龍有悔」，意思是「飛到天空盡頭的龍一定會後悔」，離開水面飛到天空盡頭的龍最後也只能往下而已，達到最高境界的人總有一天終究也只能離開那個位子，無論多麼優秀的人物隨著時間的過去，也只能把位子讓給後代且離開，這個世界不可能會有無限的榮華富貴。

我是每天都要喝一杯咖啡的「體質」，因此家裡經常都會有咖啡粉，每當咖啡粉送來時我都會換到其他罐子，需要時就取出一湯匙使用，就這樣有一天，最內側的咖啡粉無論經過多久都無法取出。

因為在咖啡粉快要見底時，一直都會使用新咖啡填滿。倒入米桶的米也是一樣，當最先倒入桶子的米快要見底時，我就會毫不猶豫地倒入新的米，最底下的米絕對無法到外面，隨著時間過去最後就變質了。咖啡罐內被壓在底下的咖啡或是被壓在米桶底下的米都是最先進入那個地方的東西，不可能因為曾經是第一名就永遠會是第一名，這就是「米桶的法則」。

現在比我更一帆風順的人不可能永遠都一直待在那個位子，他們總有一天也會下坡，很快就達到頂端的人其下坡的速度也會很快，看見他們一帆風順且感到羨慕的人總有一天可能會站上更好的位子。我們必須擁有耐心才行，不需要因為花開得慢而焦慮，早開的花只會更早凋謝而已，早開的花也可能被某人折斷，晚開的花則能因為晚來的美麗而持續更久。

假設現在面臨的情況下有某件事一直無法順利解決，那就試著抱持「情況越艱困我也能變得更堅強」的想法，如果出現「我的人生為何會這麼辛苦呢？」的想法，那就試著懷抱希望等待甜美的成功果實吧，總有一天一定能享受到人生總是一帆風順者未能領悟的真正的人生喜悅，因此我們必須全力以赴面對現在的生活。

我們不需要追求完美，所謂的完美是在我決定的時期、計畫的事情、依照決定的方式、在沒有任何瑕疵的情況下完成，藉此獲得想要的結果。

完美絕對不是壞事，但這個世界不會只依照計畫轉動，會發生出乎預期的事情，也會發生始料未及的事件或意外，也可能會無法獲得預期中的協助或資源。可控制的變數雖然能在某種程度上進行控管，但無法控制的變數卻無可奈何。在這種情況下追求完美或許從一開始就是不可能的任務，因此追求完美時也必須有某種程度的變通性。過度追求完美同樣也會降低抗壓性，因為當計畫稍微出錯或事與願違時就會立刻響起警報。

停止預設模式網路

再次以朝鮮初期的官僚尹淮的故事舉例吧，當時尹淮侍奉的國王是以「工作狂」聞名的世宗大王，因為國王晝夜不分瘋狂工作，臣子當然也必須努力工作。後來有一天，尹淮的母親過世了，當時如果父母離世的話，就該放棄官職守喪三年，由於工作狂世宗無法等三年，於是便想到了一個違背常規的點子。那就是所有官職者守喪不需要三年，只需要一百天就能再次重返官職。

尹淮聽到這件事後立刻表達反對意見，後來世宗就對尹淮說了這麼一句話：「寡人嘗試過了，所以很清楚，就算守喪三年依舊會感到很悲傷，不過回歸日常生活努力工作後，我發現忘記悲傷沒有比這更好的方法，忘記悲傷最好的方法就是工作，所以快點回到崗位吧。」

雖然多少有些無情且看起來像是工作狂熱者，但世宗的那番話具備科學上的道理，若是因為悲傷而繼續維持那個狀況，就會無法擺脫悲傷，精神上越是有餘力能從容思考，悲傷就會像俄羅斯娃娃一樣不斷地衍生。精神萎靡或憂鬱症患者的症狀之所以會變更嚴重，是因為囚禁自己的時間太多的緣故。遇見悲傷的事情時，擺脫悲傷最好的方法就是脫離那個狀況。不應該在墳前不斷重複刻印母親過世的事實，而是該回歸日常生活藉由忙碌忘卻悲傷，擺脫負面思考時也能套用此一原理。

負面思考會讓人回顧過往自責後悔、認為自己是毫無用處的存在、面對某些情況時會把責備的矛頭指向他人，或者預測絕望的未來等創造出不斷增加負面思考的循環。這一類負面的循環會讓悲傷、羞恥或憤怒的情感更加惡化，妨礙積極行動或想要熱情解決問題的的動機，這也是無法輕易突破的困難。

在二〇一五年《生物精神病學》（*Biological Psychiatry*）期刊發表的史丹佛大學保羅．漢密爾頓（J.Paul Hamilton）博士團隊的研究結果讓我們明白了一項有趣的事實，陷入負面情感的人其預設模式網路DMN與前額葉之間的連結會趨向活絡，腦部有一個名為預設模式網路的部位，進行某件事時，負責特定功能的部位會啟動。觀看某個東西時，視覺皮質與進行認知的額葉會啟動；專心聽某個聲音時，聽覺皮質與負責認知功能的額葉會變活躍。讀書或執行課題時，負責視覺的視覺皮質、負責邏輯與計算等的頂葉、負責認知功能的額葉、讓人動作的運動皮質，以及負責連接它們的腦部聯合區域也會一起啟動。

但是脫離工作後不加思索就休息或是發呆等的情況，當內心獲得自由的瞬間變活躍的部位不一樣，由於腦部任何一刻都不能停止，就算下意識不使用腦的時候它也會運作。在沒有下意識進行思考活動時，基本運作的神經迴路網就稱為預設模式網路，這個部分在自我反省、擔心、做白日夢、人際關係，以及回想某件事時就會變活躍。前額葉會下達指示，讓預設模式網路回想與解決生存最重要或最緊急的問題，此一功能正常運作就能以有效和正向的方式解決問題。

負面思考支配腦部的情況下，前額葉會讓預設模式網路進行的正常自我反省往負面與自我為中心的精神狀態發展，改變觀看世界的觀點，在這樣的心態下會反覆不斷地以負面的色調回味自己的狀況，不會產生想要改變觀看世界的觀點，或是以不同的心態接受負面狀況的動機，也就代表無法輕易從負面的枷鎖中獲得解脫。最後陷入負面思考的人在精神上就會像是被囚禁在陷阱當中一樣，無法動彈也無法向前邁進。

想要脫離此一狀況最好的方法就是專注於某件事，就像是遇到憂鬱和煎熬的事情時，只要讓自己忙碌一點就能快點忘卻悲傷一樣，專注於某件事與全心全意投入後，就能把負面的思考拋諸腦後。因為此時預設模式網路無法發揮作用，前額葉可介入的機會也會減少，形成負面情感循環連結的餘裕也會降低。假設沒有可以專心進行的工作，專注於打掃、洗車或拼圖等也會是不錯的選擇。就算只是瑣碎的小事情，只要集中注意力與全心投入，預設模式網路就會變活躍，前額葉下達負面指示的機會就會消失。在我們不自覺當中陷入負面思考之枷鎖的可能性相對地就會降低。

維持左右腦的均衡

冥想是一種改變思考方式的心理訓練，具備卓越的效果能改變腦部的模式。

前面談過的內容也可以說是心理訓練，長時間修練的僧侶的腦部運用方式不同於一般人，這是因為冥想能改變腦部的思考模式。負面思考傾向是透過腦部活動模式產生的，長時間持續冥想就能改變這一類的負面模式，長時間進行冥想訓練的人壓力明顯少於一般人，血液中的多巴胺數值也較高。壓力少且多巴胺數值高就代表經歷失敗或挫折時，重新站起來和恢復正常狀態所需要的時間比較短。

人的腦部可分為左腦與右腦，左側的前額葉能帶來幸福感，右側的前額葉則會帶來憂鬱的情感。右側的前額葉若是受到損傷，就會莫名的傻笑或是因為不該開心的事感受到愉悅的情感；左側的前額葉受損時，連微不足道的事都會感受到悲傷情感的可能性很高。思考嚴重負面的人其右側的前額葉比左側更活躍，進行冥想後就能降低右側前額葉的活動性，左側前額葉的活動力就會上升。藉由維持左腦與右腦的均衡，負面的思考就會減少，正向的思考就會提升。冥想就像這樣能幫助我們的腦部進行左右腦維持均衡的活動。

特別是「正念」（mindfulness）冥想是一種觀察自我想法、情感和感覺的練習，不對情況進行判斷，有利於觀看事物原本的面貌。

假設兩夫妻吵架了，若是此一想法留存在腦海中，不會是出現「討厭到令人難以忍受」之類的想法，而是以客觀的角度觀看自己的狀態「和老婆（和老公）吵架的想法還留在腦海中耶」，它會防止情感介入思考，每個人都會習慣性對觸碰情感的刺激產生反應。

但正念冥想能活絡新的神經通道取代牽引出既有思考的神經通道，因此它能改變負面的習慣。

在一項掃描新手與經驗豐富之冥想者的腦部的研究中發現，經驗豐富的冥想者其預設模式網路的活動性低，陷入負面思考的情況也很少。

下列的呼吸訓練也對精神訓練有幫助。

- 選擇精神最清醒的時候抬頭挺胸坐在地上或椅子上，保持挺直不要彎曲，放鬆身體且讓自己不會打瞌睡。
- 專注於呼吸與全身的感覺，邊呼吸邊吐氣，然後注意腹部的動作。
- 專注於鼻尖，品味每次呼吸時產生的各種感覺。
- 若是因為不必要的想法與感覺分散注意力，就要再次專注於呼吸。

進行呼吸訓練五至十分鐘左右，等熟練後就增加呼吸的時間，這樣的呼吸訓練會藉由專注於呼吸本身防止毫無意義的感情用事，它同時具備讓精神清晰的效果。

在大自然中散步也會有幫助，根據史丹佛大學教授布拉特曼（Gregory N.Bratman）於二〇一五年進行的研究指出，健康的一般人在大自然中散步九十分鐘就會減少負面思考，同時也能降低前額葉的神經活動。在大自然中散步會導正錯誤方式形成的腦部活動，很遺憾的是，在都市散步九十分鐘無法發揮這一類的效果。實際上爬山後就會讓擔憂一掃而空，同時進入沒有任何雜念的世界，倘若平常就是負面思考嚴重的人，有時間就去近處的自然空間享受散步也是能輕易消除負面思考的方法。

深呼吸觀看人生

引起負面思考的原因之一就是對於未來的恐懼，付出努力改善對治癒焦慮也有幫助。

❶ 不要後悔與自責

想要擺脫對於未來的恐懼，最該先做的就是不要回顧過去後悔或自責。人類經常會一邊回顧過往一邊感到後悔，相信也有人回顧過往時會感到滿足或愉快，但後悔的人也很多。感嘆說：「當時應該做某件事的，當時不該做某件事的，當時不該那樣做的……」但是回顧過往感到後悔與自責的心情越強烈，對於未來感到恐懼的可能性就會越高。

經常回顧過去後悔或自責是因為擔心未來會犯下相同的失誤，把過去的錯誤投射在未來，過去犯下的錯誤越多，對於過去就會留下負面的記憶，負面的過去甚至會讓人把尚未來臨的未來也同樣視為負面。

然而過去與未來並沒有太大的關係，就算過去犯下許多錯誤，透過學習效果也能避免在未來犯下相同的錯誤。另外，過去曾一度叱吒風雲的人未來也可能會遇到無法解決問題的時候。自責過去發生過的事情並不代表未來就一定會順利，反而是負面的情感可能會讓未來發生的事發生差錯，沒有比回顧過去後悔更愚蠢的行為了。

我曾因為決定離職而在一夕之間造成至少損失數億元的機會成本，因為無法獲得高階人員的年薪，相對地也就等於是損失。在幾乎沒有任何經濟來源的情況下連積蓄也都花光了，損失的程度遠遠超乎想像，再加上要支援小孩的教育費，以及累積的退休金也虧損，因此一次的決定就造成了相當龐大的損失，這件事真的讓人越想越覺得傷心難過。

不過就算後悔和自責也沒有用，畢竟過去的事已經無法挽回了，無法當作一切都不曾發生，也無法讓時間倒轉回到那個時期。

不僅無法挽回，只會徒傷心而已，那件事可能是對的，也可能是錯的，但說不定要等過一

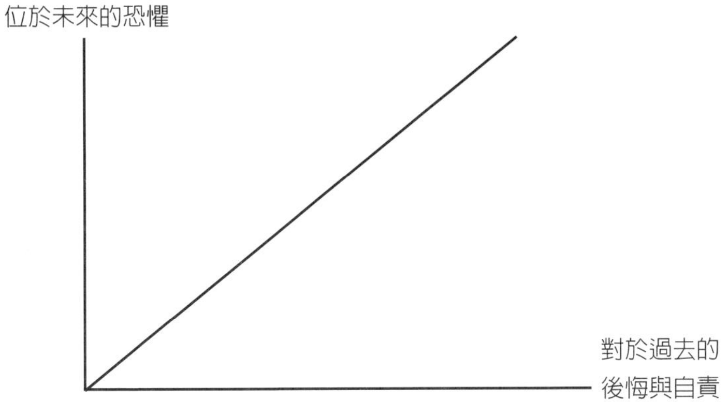

對於未來的恐懼與對過去的後悔與自責之間的關係

段時間才能知道事情的對錯，也有可能漫長歲月過去後依舊無法知道。

若是後悔與自責也於事無補，轉換思維模式是最好的方法，離開公司後，茫然的外面世界讓我感到相當害怕，而這項經驗也讓我對職場生活完全改觀，自我啟發的觀點也變不一樣了。我發現過去我對職場與自我啟發的想法只是虛幻而已，站在實踐的層面上，我對於該如何應對未來的想法變得越來越深，同時也以此作為基礎著作了談論新觀點的書。

後來我也終於明白自己的極限，職場生活就像是躲進某人撐開的傘下一樣，所以待在裡面時不會被雨淋濕。換句話說就和溫室裡的花草一樣只會在安逸舒適的環境中生長，溫室裡的花草難以抵禦狂風和暴雨的摧殘，本以為離開舒適與安樂的雨傘後，我可以憑一己之力順利突破風雨，但雨傘外的世界卻比想像中更加艱險。此一經驗也讓我明白自己的能力極限。

另外，在眾人面前講課或演講是我長久以來的夢想，這就是我一直想做的事情。進行長久以來的夢想的同時，我也終於明白「做想做的事情」和「幸福生活」是沒有太大的關聯。比起只會口頭上慫恿完全沒有經驗的人放手去做想做的事情的那種毫無責任感的人，我擁有稍微能給予更接近現實層面之建議的資格。

偶爾看見逼不得已離開職場的人，反而讓我認為自己早一點離開職場生活是正確的選擇。就像是「既然是遲早要面對的事，無論多麼艱辛困難，先承受會來得好」這番話一樣，與其年紀大了才慢一步開始，若是稍微年輕一點時開始做想做的事情，就能快點累積資歷，同時藉此奠定好基礎。

儘管發生金錢上的損失，但是從身為一名寫作授課的人該具備的智慧與目光層面來看時，我認為這反而是深具價值的經驗。該說是在如同青澀泡菜的狀態下說自己和散發深沉味道的陳年泡菜一樣人生歷練變深嗎？

也就是說捨棄管理階層那樣舒適的職務離開公司就不見得一定是會讓人後悔的事情。就算一邊考慮損失的機會成本，一邊自責認為這種行為太瘋狂也無法改變事實，只會讓人覺得鬱悶而已。選擇遺忘或是抱持正向態度面對過去的事情是最好的方法。

過去投射在未來，若是回顧過去感到後悔與自責，也會對未來造成陰影。若是一邊回顧過去一邊認為「我的人生怎麼會這樣？我的人生失敗了」，就會失去對於未來的自信心。反之，若是以正向的觀點看待過去的事，就會更能有成功或無法挑剔的感覺。認為過去很成功或完美的人，應該也會認為未來不會有太大的問題；認為過去失敗的人也會認定未來是失敗的。因此，回顧過去後悔與自責的心情越強烈，對於未來理所當然就會感到不安與焦慮。

❷ 以長遠的目光預見未來

或許年輕人難以認同，但時間久了就會明白，其實過去的事根本就不算什麼，人生就是這麼一回事。內心覺得鬱悶和惋惜的事、發飆生氣對周圍的人造成傷害的事、胸口宛如快要撕裂般心痛的事，以及彷彿上天堂般開心的事情全都會隨著時間過去而全都被遺忘。

就像所羅門的故事中出現的「一切都將過去」這番話一樣，所有的事終究都會過去，話雖如此也不是要我們隨便敷衍現在的生活，意思是當下的憂慮、擔心和焦慮等事過境遷後根本就不值得一提，我們應該在每個當下都全力以赴生活。只要全心全意過生活，就能不留下一絲絲的後悔，沒有後悔自然就能降低焦慮，生活也才能過得更加順心。

就像「百歲人類時代」這個用語一樣，現在已經進入「人生百歲的時代」，就算不是百歲，八十年也不算是很短的時間。就像是長途旅行一樣，著急與匆忙趕時間可能會造成疲憊與落後，就算和烏龜一樣一步步緩慢移動，最後仍舊能夠獲得好的結果。不要焦慮，試著把目光

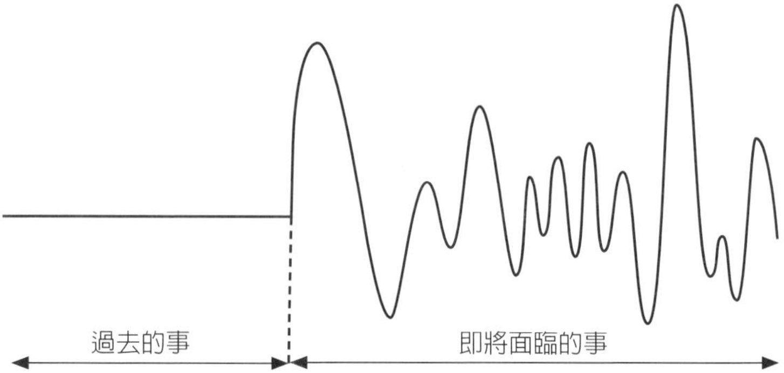

放遠一點！就算當下汲汲於完成某個目標且想要快點知道結果，但終將會過去。曾經感到焦慮的事，等過一段時間後就會認為其實根本就微不足道。

偶爾也是需要「放手一搏」的精神，若是全力以赴也沒用，那也無可奈何不是嗎？沒有人一輩子都只有成功的，相反地，也沒有人會一直都失敗的。有上坡就會有下坡，有下坡當然也就會有上坡。人生就像是往返高山與溪谷的列車一樣，原本不知所措的事等時間過了，就會變成像不曾發生過一樣順遂，反正不需要因為順遂的事而感到焦慮，也不需要這樣為難自己。因此，我認為抱持「不行也無可奈何」的態度以稍微更長遠的目光看待人生，秉持更從容的心情應對。

上圖顯示對尚未到來的未來充滿擔心與憂慮，但對於過去的事卻很平靜，動盪不安且令人心煩意亂的未來等過去後，也可能會變成從未發生過一樣若無其事。

話雖如此，也不需要整天害怕與擔心還沒發生的事情吧？最好能以稍微更豁達的心態迎接未來。

❸ 秉持樂觀的信念

有人說神在開啟另一扇門之前不會先關上已經開啟的門，以我這輩子的經驗來看這番話絕對不是謊言，無論面對多麼艱辛困難的情況，總有一天我們一定都會有機會脫離困境。

任何人都可能對未來感到恐懼，因此，若是認為自己現在尚未做好迎接未來的準備，任何人都可能會感到焦慮。

不過，當焦慮的未來到來時，情況也可能不是那麼的糟糕，相信到時候會有另一扇門，儘管門的大小可能會不一樣。

我們常說人生有三次的大機會，但根據我的經驗來看，我認為這句話是錯的，機會並不只有三次而已，而是每天都會降臨。重要的是要看清楚機會且妥善運用，與其茫然地對未來感到不安與焦躁，只要妥善運用眼前的機會，相信就能迎接比現在更加發展的未來。

我突然離開原本很順利的公司且經濟遇到危機時，我因為看不見未來而一度相當害怕，我付出的一切嘗試全都化為泡沫，手頭上的存款也所剩無幾，我很害怕自己這樣下去無法再賺錢。但當我就要累倒之際突然開啟了另一扇門，我獲得機會得以進修腦科學，並且以此做為基礎寫書。而這也成為讓我寫的文章能刊登在雜誌或公司報刊的契機，我甚至受邀參加節目，還曾連續三個月在交通廣播中擔任腦科學相關內容的固定來賓。另外，我在教育機關以上班族為對象進行專任職務教育訓練，這算是和我想要寫書與授課的願望完美地接軌了。面對困難時雖然我也曾害怕，但當一扇門關閉時就會開啟另一扇門，現在我透過那一扇門邁向嶄新的生活當中。

重要的是我忠實於現在的生活，無法忠實現在的生活，茫然地對未來抱持樂觀態度只不過是一種魯莽的膽識罷了，機會不會降臨在這類人的眼前，因為機會只會給準備就緒的人。

對未來秉持樂觀的信念，以及把每天降臨的機會都變成屬於我們的努力都是不可或缺的條件。之所以能戰勝困境與開啟新的一扇門，是因為進入職場生活後就開始持續付出之努力開花結果的關係。著述、授課、參加廣播節目都還只是一些微不足道的事情，當這一類的成功累積後，我相信總有一天一定能獲得更大的成功。過去已經結束了，因此無法再挽回，但只要忠實於當下，相信未來就能獲得相對的獎勵。

老子說：「憂鬱的人活在過去，不安的人活在未來，平和的人活在當下。」蘇格拉底說：「記住人事無常，因此順境時，無過度膨脹；逆境時勿過度憂傷。」過去的事終究已經過去了，就算回首也於事無補，必須抱持樂觀與正向的心態。

❹ 運用好的記憶

人生在世有好事也會有壞事，因人而異可能會只保存著美好的回憶，也可能只留下令人厭惡的回憶。只留著美好記憶的人時時都是抱持開朗與正向的態度，但只留著壞記憶的人認為人生是不幸的，因此總是呈現黑暗與負面的狀態。這是因為個人過去的記憶會對當下的處世觀點造成影響，同理，我們對於未來的想像會決定對未來的恐懼。

對未來的想法會在找出過去的記憶後，透過認知與省悟的過程重新組成，負責記憶與想像的腦部是海馬迴與前額葉，根據研究報告指出，此一部位的活動受到壓抑時就能降低對未來的恐懼。人類認知與腦科學研究所與劍橋大學研究員馬克思．普朗克（Max Planck）透過實驗發現，記憶的運用方式可緩和未來的恐懼，如果能抑制不想要的記憶，就不會對未來心生畏懼。

研究員在這項研究中要求參加者敘述實際日常生活中可能發生的具體狀況，當中也有能感受到恐懼的狀況，參加者收到敘述狀況的提示，但當出現喚起恐懼的刺激時，他便收到通知停止相關的印象或想法。比起害怕的記憶，參加者應當多加注意通知。

在這項實驗中，當出現可怕的狀況時參加者都該注意研究員傳送的通知，也因為這樣才得以擺脫可怕的印象或想法。參加者後來受研究員要求描寫狀況，但他們的說明卻不夠明確。

這項實驗的結果很明確，那就是調整想像力能有效降低不安。換句話說，只要引導出不好的記憶想像害怕或不安的狀況，不安感就會上升，若是不去想像，不安感就會降低。

樂觀的思維能以更敞開的胸懷接受尚未到來的未來，悲觀的思維只會把未來視為黑暗與負面的。相信大概沒有人能對不確定性擁有十足的把握，但既然如此秉持樂觀與正向的想法就是從對於未來的不安中逃脫的方法。

選擇性運用自己的記憶也是一項不錯的方法，換句話說，盡可能呈現正向與好的記憶，或是抑制負面或壞的記憶。人類的腦部以過去經歷的記憶為基礎重組後預測未來，如果經常想起過去的美好記憶，也就能以樂觀的態度面對未來。但回想過去不好的經驗後，未來的恐懼也可能會加深，曾經因為發生過交通意外而無法繼續駕駛的人可以說也是屬於此一情況。

雖然我們無法隨心所欲調整記憶，有些人只會努力回想起好的記憶，反之，有些人則只會一直被不好的記憶束縛。

兩者當中誰是秉持正向的觀點看待未來不用說也顯而易見，盡可能忘記不好的記憶，努力去回想好的記憶，這就是脫離對未來恐懼的方法。

| 第6章 |

若是不想讓懶惰變成習慣

執行力與焦慮

我有很多次的機會能成為有錢人，如果我不是只有空想而付諸行動，說不定我早就成為有錢人在高級度假勝地悠哉過日子了，最具代表性的就是二〇一八年起在Naver有龐大量廣告的「影像搜尋」。孩子還小的時候，我們一家人每個週末都會去郊遊，當時數位相機已經很流行了，我因為很喜歡花，所以平常都會拍路邊的野花。讓人鬱悶的是我並不知道那些花朵的名字，就算買植物圖鑑，也只能找到外觀差不多的花朵而已，根本就不清楚正確的名稱。當時我腦海中浮現的想法就和現在Naver廣告的「影像搜尋」完全一致，這是一種只要拍攝想知道名稱的目標，就能透過圖片搜尋告知的服務。

另外還有一個，我還在讀研究所時，同一個實驗室的朋友們刷完牙後都會把牙刷放在漱口杯，然後就這樣擺放在有陽光照射的窗邊，理由是為了殺菌。看見此一情景後，我腦海中浮現的點子就是現今的攜帶型牙刷殺菌機，製作可以容納牙刷的長方形盒子，使用電池釋放紅外線或紫外線對牙刷進行殺菌。和近來使用的攜帶型牙刷殺菌器一模一樣。

假設這一類的點子能研發後創業，或者是至少取得專利的話，現在我的人生大概就會變非常不一樣吧。說不定不僅能過著經濟充裕的生活，也能成為一名成功的事業家。但我卻沒有付出行動實踐那些創意，結果就只能眼睜睜看著機會溜走。

這段期間我被各種大大小小的焦慮所苦，幾乎可以被稱為是「焦慮大魔王」的程度，也因此我的生活一直都很煎熬與充斥著不滿。現在仔細想想，我之所以會成為焦慮的俘虜一直被牽著鼻子走，大概是因為執行力不足的關係吧。如果能立刻把腦海中的想法付諸行動實踐，無論好壞都能獲得某個結果，但很遺憾的是，我除了空想以外什麼都沒做，也因此沒有任何收穫。隨著時間過去，我也對未來感到恐懼，再加上一想到自己的時間越來越少了，理所當然就一定會感到焦慮。

想要擺脫焦慮就必須提升執行力，執行力不足就會把該做的事往後拖延，如此一來隨著時間過去，執行該做的事情的時間就會慢慢變不夠，內心在認為無法及時完成的同時，往往也會感受到心理上的壓迫，自然而然也就會感到焦慮。若是時間充裕，在從容考慮所有的方案後，選擇最佳的方法執行即可，因此沒有理由會感到焦慮。但是當時間上沒有餘裕時就無法這麼做，無法想到或考慮到所有對策當然也就難以確實執行自己選擇的對策，若是事情無法依照自己的意思進行，焦慮就會變嚴重，最後甚至被焦慮擊垮。

懶惰與習慣性拖延

想要提升執行力就一定要捨棄一項習慣，那就是偷懶和做事時經常磨蹭拖延，若是不解決此一部分就無法提升執行力，也就無法擺脫焦慮的束縛。

偷懶與拖延會讓我們無法以有效率、有生產性的方式運用時間，無法確實進行該做的事，會往後拖延或遊手好閒且做其他毫無意義的事，進而導致可利用的時間縮短。讓時間相對縮短的因素就是偷懶與拖延，勤勞者會把二十四小時當作好幾天充分地使用，偷懶與拖延成性者明明同樣是二十四小時卻經常覺得時間不夠，這是因為可運用的時間減少的關係。

因為我是作家，同時也是一名講師，職業的特性就是寫稿子或準備授課資料，也因為這樣我坐在筆電前的時間特別長。有一天，我右邊的肩膀突然就像是火燙到一樣灼熱，後來肩膀就像是背著背包一樣沉重。如果當時能盡快去醫院治療大概就會沒事，但我卻抱著僥倖的心態「過一下子就會好轉吧」就這樣繼續硬撐，結果症狀變得更加惡化。不僅手臂難以抬到高於肩膀，左邊的肩膀感覺到癢時就算伸出右手也抓不到，手臂要伸到背後也比想像中還困難，甚至連穿、脫衣服都變得很吃力。早上起床時我無意間使用右手去撐住床墊，結果疼痛感讓我一度忍不住拚命掙扎。

儘管如此我拖了將近十個月才去治療，隨著症狀變得越來越嚴重，我才認為不能繼續拖下去，並且決定去醫院。我打電話預約了診療時間，因為那是一間以肩膀手術聞名的醫院，若是預約時間無法準時抵達，就無法進行診療且把機會讓給其他患者，因此最好能準時前往就診。

醫院距離我們家大約三十分鐘左右的距離，正巧那一天沒有課，只要下定決心就能從容且在充分的時間內抵達醫院，但明明沒有特別的事，我卻拖拖拉拉到只剩下四十分鐘左右才終於離開家門，很遺憾的是，因為那是很陌生的路線，再加上我開車技術不夠好，而且車子也比預期中的還多，所以耽誤到了時間。導航上顯示的抵達時間比預約時間多了幾分鐘，但看見停滯不動的車潮後，我開始感到焦慮。

在停車場停好車、掛號到接受診療為止花的時間若是變長，可能就會錯過預約時間無法接受診療，我很擔心過號後就要等很久。

隨著時間越接近我也漸漸變得更焦躁，隱隱約約有些煩躁和生氣，導航引導我來到塞車的路線，而我也對不會回應的導航來宣洩不滿情緒。所幸我及時趕到醫院，也從容地完成診療，就算過了預約的時間，似乎也不需要等太久。仔細想想當時根本就不需要剎腳和焦慮，從家裡前往醫院將近四十分鐘的時間我因為緊張而不安。

這種情況下該罵的不是無辜的導航，而是我自己！醫院診療如果就像這樣是很重要且一定要遵守時間的事情，就該考慮塞車的部分，比預計的時間更早出門。當天也沒有上課，早上很早就醒來了，如果我的動作能稍微快一點，就算沒有那樣焦躁與不安也能及時抵達醫院。基於太安逸而把出發時間延後，最後卻成為引起焦慮的理由。

引起焦慮的原因之一就是懶惰與拖延事情的習慣，大部分的事情該完成的時間早已決定，事情該完成的時間早已決定，但如果沒有及時展開行動且拖延，隨著拖延得越久，可工作的時間相對地就會減少。而且不管做什麼事都會花費比預期更多的時間，不過隨著期限慢慢接近，時間就會顯得越來越不夠，最後當然也就會陷入焦慮的深淵。

偷懶與拖延的負面循環

懶惰與拖延的習慣如果反覆不斷，情況可能會變嚴重，該做的事若是拖延，隨著拖延得越久，事情就會越堆越多。如果今天該做的事無法全部完成，剩下的部分就會拖延到明天，等到隔天又會偷懶或拖延，結果連當天的事都沒能全部完成。

如此一來明天該做的事就會拖到後天，今天沒能完成的事加上隔天沒完成的部分全都堆積到後天，等到後天又再次偷懶，就這樣三天後累積了三天份的工作量。

若是像這樣偷懶習慣性把事情往後拖延，時間久了要做的事就會慢慢堆積，能解決事情的時間當然就會縮短，若是再加上始料未及的突發狀況，時間就會變得更短。若是認為物理上可處理的時間不夠，就會開始產生焦慮。

只要開始感到焦慮就無法輕易平息，就像是越往上傷害的半徑就會增加的龍捲風一樣，焦慮也會隨著時間變得更強烈。焦慮時就無法集中注意力，事情的進度也就會變慢，為了擺脫不安的心情當然就會做其他事，明明平常只要一小時就能完成的事，結果卻花上好幾倍的時間才

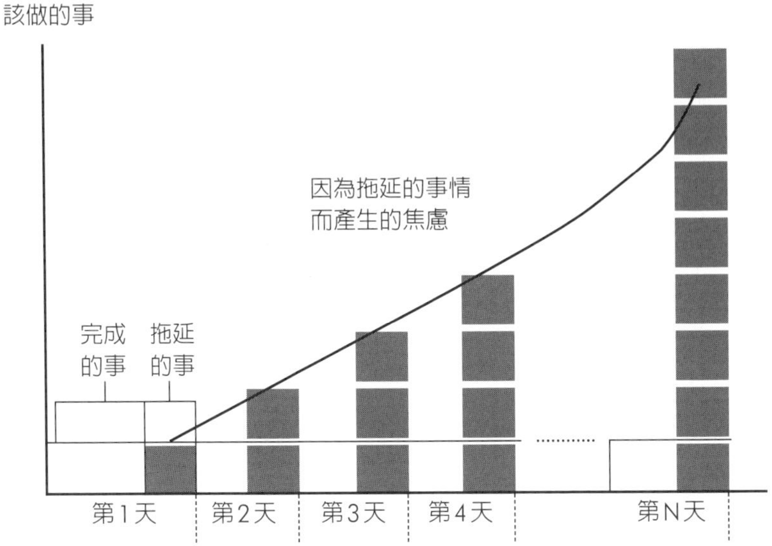

該做的事
因為拖延的事情
而產生的焦慮
完成
的事
拖延
的事
第1天
第2天
第3天
第4天
第N天

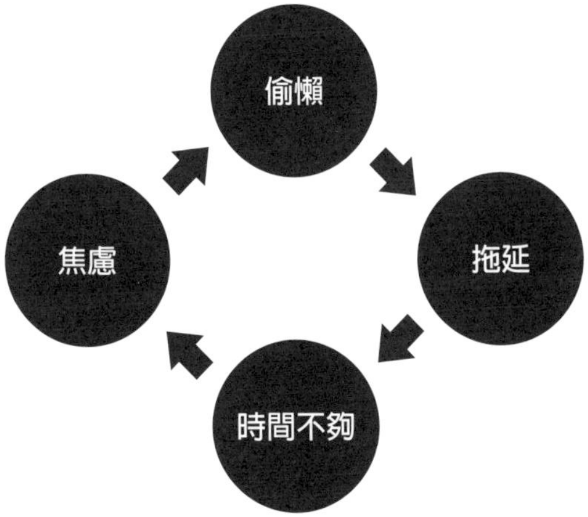

偷懶
拖延
時間不夠
焦慮

偷懶與焦慮的負面循環

完成。由於壓力反應會造成思考力與判斷力變差，結果的品質也會跟著降低。

偷懶會衍生出拖延，拖延則會導致時間不足，時間不足就會造成焦慮，焦慮會讓我們無法把精神專注在該做的事，同時形成偷懶的惡性循環，這就是偷懶演變出來的負面循環。

著作《變形記》的法蘭茲・卡夫卡說：「所有罪惡的根源都在於焦慮與懶惰。」偶爾時間稍微比較從容時就能偷懶一下，但若是偷懶成性且習慣把事情往後拖延，可能就會演變成慢性焦慮。在心中紮根的焦慮不會輕易消失，隨著時間越久就會冒出更粗大的根，並且形成更強烈的焦慮對我們的內心造成影響。

偷懶是情緒調適障礙

偷懶在字典上的定義是「行動緩慢，不想行動或工作的態度或習慣」。可以說是明明必須快點處理事情，卻拖拖拉拉很慢才進行，或者排斥進行那件事的心態。這同時也是無法堅定意志且想要停留在舒適狀態的心理。從另一個角度來看時，它也和精神萎靡的症狀很相似，因為精神萎靡的人同樣也不想做任何事。

不過，從是否具備想做的意志來看時，偷懶與精神萎靡的根本層面是完全不同的。就如同下表一樣，偷懶是進行的意志低落或是完全沒有意志，反之，精神萎靡是具備想做的意志，但

	偷懶	精神萎靡
共同點	該做的事無法輕易付出行動執行。	
差異	想進行某事的意志低落或完全沒有意願，只想要停留在舒適的狀態。	具備想進行的意志或義務感，但卻難以執行且感到不安。

卻難以付出實際行動的症狀。

從想要進行某事卻無法去做的層面來看時，精神萎靡可說是比偷懶更加嚴重的狀態；相反地，因為偷懶是意志問題，可以藉由努力更正。如果對偷懶的心態放任不管，很可能會演變成更嚴重的狀態。

《再見，偷懶》的作者文耀翰院長說如果重複不斷地偷懶，很可能就會惡化成「病態偷懶」，病態偷懶會依照「對眼前的情況抱持負面態度→拖延或逃避選擇→做其他事情或拖拖拉拉→讓自己的行為合理化」等階段性發展，若是症狀經歷這一類的階段變嚴重時，就會演變成病態偷懶，並且進入和「選擇障礙」或「選擇逃避症候群」一樣需要專業治療的階段。文耀翰院長說：「病態偷懶是放棄對抗偷懶自我防禦，它不僅會對生活的特定領域造成傷害，也會擴散到整個生活，是比一般偷懶更加嚴重的症狀。」

就算不是病態的程度，懶惰也是一種「無法輕易開始該做的事情的精神障礙」，另外，就如同前面的圖示一樣，「拖延」一定會伴隨著令人不開心的夥伴。佩奇爾（Timothy A. Pychyl）教授說拖延是「明知道結果一定是負面的，依舊自發性地把事情往後拖延，承受長期的代價，追求短期的滿足」。換句話說，承受錯誤結果的同時，因為眼前的舒適或愉快而無法及時做事就是「拖延」。這種情況如果只是偶爾發生一、兩次，那就不需要太擔心，但如果是反覆不斷發生，就該認真把它視為是「情緒調適障礙」。

就算不是病態偷懶或情緒障礙等的嚴重狀況，偷懶也一定是會降低生活品質的毒素，名聞世界者沒有一個是懶惰的人，不需要刻意讓名聲遠播，幾乎也沒有懶惰的人被評論為是成功者。當然所有的法則都會有例外，而這種事當然也有可能會出現例外，但大致上來說成功者都是和懶惰扯不上關係的人。

懶惰與拖延的原因

輸入懶惰編碼的腦部

現代社會在所有層面都受到美國的影響，美國的根基是以勤勞與誠實為座右銘的清教徒精神，雖然在現代社會中懶惰被視為和罪惡沒有兩樣，但實際上有很多人都會在不自覺中偷懶，明明知道有必須做的事，卻想要盡可能的拖延，這就是人類的心理。那麼懶惰是刻印在腦部的本性嗎？還是和個性一樣會因人而異呢？

學者指出：「當我們想要做值得期許的行動時，腦部會在自動存取與管制存取之間引起不均衡的認知。」舉例來說，運動對身體與精神都有益處，因此必須運動就屬於自動存取，但腦部是下意識去控制做或是不該做，這就稱為運動悖論（exercise paradox），當腦部在自動存取與管制存取中出現辨識不均衡時，比起依照本能進行某件事，腦部更喜歡靜靜待著。

有一項有趣的實驗認證了此一事實，加拿大英屬哥倫比亞大學大腦行為實驗室的馬提爾（Matthieu Boisgontier）博士團隊召集了二十九名年輕成人，在電腦螢幕上播放了單車機、游泳、爬山等動態活動的圖片，以及躺在沙發上、玩遊戲、閱讀等靜態活動的圖片，並且給每個參加者一個能代表自己的虛擬化身。實驗內容是當螢幕上出現活潑的動態活動圖片時，參加者要盡快讓自己的虛擬化身靠近那張圖片，當出現沒有動態活動的圖片時，則要讓虛擬化身盡快遠離那張照片。後來反過來在出現活潑的動態活動圖片時讓虛擬化身遠離圖片，出現沒有動態活動的圖片時則讓虛擬化身接近那張圖片。為了測量實驗過程中參加者腦部發生的變化，於是便使用了腦波測量裝置。

實驗結果顯示，參加者讓虛擬化身往動態活動的圖片移動或是讓虛擬化身離開沒有動態活動的圖片時反應會更快，離開動態活動較多的圖片或是往沒有動態活動的圖片移動時的反應速度較慢。以結果來看時，人類對於付出行動去做某件事不會有太強烈的排斥感，但在這項實驗中透過腦波測量裝置顯示，參加者的腦部活動在讓自己的虛擬化身遠離沒有動態活動之圖片時

馬提爾博士的實驗中使用的圖片

最煎熬，也就是說想要遠離沒有動態活動的圖片時消耗的腦部能量最多，這代表什麼呢？

馬提爾博士說人類要尋找食物、藏身之處或是要避開掠食者等的時候儲備需要的能量會更具效率，為了生存會憑藉本能偏向儲存能量。解析腦波檢查結果後顯示，本能想讓身體靜靜待著不動，為了避開這一類的本能去行動，大腦皮質必須使用額外的資源，因此才會變得很辛苦。

此刻腦部處於追求舒適或是讓身體行動的矛盾狀態，也就是說比起熱絡的活動，人類的腦部偏向什麼都不做且抑制身體活動，就是「硬體布線」（hardwired）在偷懶的狀態。很多人一有機會就想要偷懶就是腦部的此一本能所使然。

但就算腦部天生就具備這樣的特性，如果偷懶與把該做的事延後，說不定就會永遠無法擺脫焦慮。就算腦部偏好偷懶，當有事要做時腦部會為了對抗懶惰而鬥爭，因此，身為腦部主人的我們一定要努力讓鬥爭往有利的方向發展，換句話說，唯有付出努力克服偷懶與拖延，腦部才會讓鬥爭往有利的方向發展。

馬提爾博士建議說：「任何事情要讓它變成習慣都很困難，就算是需要的事情，要實踐並不容易。想要付出行動做某件事時，腦部會掀起想要克服矛盾的鬥爭，唯有進行認知才會展開讓好的行動習慣化的第一步。」

偷懶的理由

腦的特性是偏好偷懶，話雖如此也不是所有人都會偷懶，一有空就想要偷懶是人類的基本欲望，但也有人戰勝那個欲望且克服偷懶。勤勞者可能會說偷懶者單純只是意志不夠，但進入更深層的內心世界後發現，可能會有各式各樣的因素。就像是浮上水面的冰山一樣，表現上雖然只看見偷懶的一面，但隱藏在水面底下的因素卻可能因人而異。

我們必須先準確理解其中的因素，牙山大學精神健康醫學系臨床諮詢師，同時也是著作《懶惰也是習慣》的崔名祺教授說懶惰的原因如下。

❶ **不安感**

對於結果與競爭感到害怕等不安的人一定會分心做其他事。

❷ **失去意欲**

倦怠症（burnout syndrome）或習得性無助等因素造成能量枯竭，什麼事都不想做。

❸ **憤怒**

雖然知道必須去做，但因為對逼自己的上司或父母親等某人感到憤怒，所以不想去做。

❹ **敏感**

注意力轉移到噪音、周圍的人的視線與言語等，無法正常進行該做的事情。

❺ **孤單**

若是喪失目標或因為個人因素而覺得被團體排擠等，就會無法專心工作。

❻ **不滿**

因為沒有一件事順心，所以無法產生想做事的鬥志。

❼ **缺乏動機**

因為不清楚到底為何要進行那件事，所以很難開始。

❽ **自我防禦**

反正也不會成功，所以就不想做了。

❾ 無法自我調適

雖然不想偷懶，但卻無法控制自己的行動。

大致上都是讓人認同的內容，憤怒、敏感、孤單等都是無法輕易忽視的因素，這一類的因素會對懶惰造成影響的事實也讓人相當訝異。關於這一類因素的應對方法請參考崔名祺教授的書，筆者在此想透過自己的經驗增加幾個項目，懶惰或拖延也能成為原因。

❿ 不明確的目的與課題

該做的事不明確或不清楚該做什麼時，就會難以輕易開始。以想要開始的新事業為例吧，首先，要把項目具體化弄清楚事業的類型，以及明確知道想要達成此一目標需要何種知識與技能，自己可以構思事業的項目，以及進行市場分析，也可以先去和開始創業的前輩或朋友聊聊，還可以申請公共機關支援的創業課程。但只是有多項對策而已，卻沒有決定優先順序。依照執行者的目的或意志可能會有所不同，若是想創業的目的不夠明確，當然就無法弄清楚該做的事情，也無法輕易開始。這種時候就該設立明確的目標，找出該做的事情後決定先後順序，然後一一去實踐。針對此一部分後面會另外深入探討。

⓫ 經驗與知識不足

若是自己的經驗、知識、技能、技巧等不足，就會不清楚如何著手進行該做的事，無法輕易開始。當我離職準備要成為專門講師時，最需要的條件之一就是宣傳我自己的業務或行銷活動，必須先讓一般人或企業的教育訓練負責人知道我才有授課的機會。但我在上班的期間一直都只進行企畫的工作，沒有業務或行銷的經驗，而且也沒有相關的知識，完全不知道該從何開始著手。雖然我很清楚要盡可能向更多的人宣傳自己，但卻不知道該使用何種方法，因此只是一味地煩惱而已，難以付諸行動執行。若是相關的經驗或知識不足，就會像這樣執行力變得相當低落。

⓬ 自傲

相較於自己的力量，若是過度低估該做的事情，很可能就會認為慢慢進行也充分能完成，然後就會選擇偷懶，就像是和烏龜賽跑的兔子一樣。很諷刺的是，大部分約定時間遲到的情況都是有充裕的時間，通常我們和朋友相約見面，最先出現的都是住最遠的人，住越近的人越常遲到。如果一開始時間就很緊繃，就會努力想要遵守時間，就不會發生遲到的情況，即使遲到了也不會太誇張。若是時間上非常充裕，就會因為悠哉的心情而偷懶，而這反而會變成讓人遲到的因素。因此，我們需要避免太大意或是自滿的心態。

腦部需要刺激才會運轉，若是沒有刺激就會感到枯燥乏味，專注力也會跟著降低。

如果過度低估該做的事，腦部就會無法受到刺激，因此這種情況下要藉由賦予警戒心，讓壓力荷爾蒙維持適當的緊張狀態。無論是多麼單純的事，大部分都是在進行後才發現其實要做的事比想像中還多，我們必須抱持拖延就會搞砸事情的心態。

⓭ 失去自信

若是失去自信產生畏懼之心，就會難以放手去執行，雖然最近很少看見，但以前電視節目經常能看見藝人進行高空彈跳的景象，仔細觀察後可發現他們的反應有天壤之別，有自信的人會毫不猶豫地跳下去，沒有自信的人則會拖延時間且不敢輕易跳下去，有些人則會不知所措一味地拖延時間，最後甚至選擇放棄。「我能表現得很好嗎？」的自我懷疑、「發生差錯該怎麼辦呢？」的擔憂，以及過度在意周遭評價的想法都會讓人不斷地把事情往後拖延。

⓮ 過度的目標

雖然目標過度簡單時也會導致我們偷懶，但相反地，若是事情超出能力範圍且過度困難，就會猶豫不決且不知從何開始著手。經常聽到別人說目標就是要遠大，但若是目標過於困難，在開始前大概就會放棄吧。

舉例來說，如果在一年內學會且精通中文，就能派去中國分公司，剛開始或許會有些心動想要嘗試，但一想到一年內要精通中文太困難了，便開始猶豫不決。對難以擺脫懶惰習慣的人來說，訂立可實踐的目標是很重要的一點。

⓯ 對於結果的確信不足

若是無法對該做的事情有足夠的信心，就會很難開始進行，「這樣真的可以嗎？」、「會有效果嗎？」之類的想法會成為阻礙我們的主嫌，想要進行某件事時就必須投入時間、費用和努力等，當我們開始質疑成果時，就會考慮到「本錢」而難以輕易去執行。假設現在有傳授提升個人品牌價值之訣竅的講座，兩天的課程費用是六十萬韓幣（約一萬五千台幣），若是確定聽完課程後能提升個人品牌價值，透過它創造出來的附加價值也超過六十萬韓幣，大概任何人都會想要去聽此一講座吧。但若是對講座的效果沒有信心，大概就很難去聽課吧。

⓰ 對於結果的恐懼

當我們對結果感到恐懼時也會無法輕易去付諸行動，有許多上班族都把離開公司視為是一個理想，希望有一天能突然離開職場，過著優遊自在的生活。但真正要離開職場時卻對往後會發生的事沒有自信，心中充滿恐懼。更重要的是，沒有信心能獲得經濟上的穩定，也因為這樣辭呈都只放在心中，只要一喝酒就誇下海口說要離職，但隔天早上卻若無其事坐在辦公桌前。

⑰ 過多的思考

腦海中的思緒若是太多，就會很難以行動實踐，想要擺脫懶惰就需要執行力，想太多計較的事情自然也會變多，三心二意會導致我們無法輕易做出決定，這也算是一種選擇障礙，也可以說是過度慎重。在DISC性格測驗中，慎重型C型主要都是屬於這一類型，因為平常過於慎重，在仔細計較與分析時花費了大量時間，再加上無法輕易做出決定，導致行動的時機也變慢了。

⑱ 隨時都能進行的思考

拖延或偷懶的理由之一就是認為現在可以慢慢進行也無妨，假設現在我們擔心自己長期抽菸會對健康造成影響，雖然立刻戒菸會比較好，但如果一味地認為自己只要下定決心就一定能成功戒菸，那就一定會把戒菸的行動不斷地往後拖延，這是因為當事者會認為現在還不需要。為了避免這一類的偷懶或拖延，就必須清除腦袋裡的「下次」或「慢慢」的想法，當出現把事情往後拖延的念頭時，試著去想「說不定以後就沒機會了」或是「動作太慢一定會後悔」，當有必須去做的事情時就該立刻去實踐。

⑲ 小心謹慎的個性

個性也會讓人猶豫不決，畏縮或內向、難以融入團體的個性經常能看見這樣的情況，主要是進行與他人相關的事情時會覺得很困難。有事情要和高層談卻覺得很困難而猶豫、想要拜託同事卻擔心被拒絕，或是有工作要吩咐下屬卻猶豫不決且不敢大方地說等都是常見的情況。

⑳ 與自己妥協（合理化）

伊索寓言中有一個《狐狸與葡萄》的故事，走在路上的狐狸發現了美味的葡萄，看見美味的葡萄後，狐狸為了吃葡萄而嘗試了數次的挑戰，但無論狐狸怎麼跳都摘不到葡萄，最後牠只好選擇放棄，牠在放棄的同時說：「那個葡萄很酸，應該不能吃。」

有些人做事拖拖拉拉的理由之一，就像伊索寓言的狐狸一樣讓自己合理化或自我妥協。明明有事必須去做，卻因為嫌麻煩而找藉口說「對，不需要刻意做也沒關係」且把自己的情況合理化。這一類的情況主要都是目前的狀態較舒適或令人滿意時發生，也就是前面提到的處於舒適區的狀態。雖然沒有明確的理由，但情況並未造成任何不便，放棄便利就能讓肉體上獲得更大的舒適感。

懶惰與拖延就像這樣是因為無數的因素而形成的，若是想要擺脫偷懶的習慣，就該清楚知道自己的偷懶屬於哪一類型，因為知道原因就能找到更準確的治療方法。

提升執行力的訓練方案

每個人都知道偷懶是不好的行為，但想要擺脫偷懶並非容易的事情，特別是當偷懶變成習慣時更是如此。偷懶若是變成習慣，明知道會後悔卻又不斷地重蹈覆轍，玩遊戲玩到凌晨才睡覺，隔天早上好不容易爬起來且信誓旦旦叮嚀自己今天一定要早點睡，但一到晚上又繼續玩遊戲玩到凌晨。前一天晚上因為過度飲酒導致腸胃不舒服時都會說再也不喝酒，但一到晚上酒癮就發作了。懶惰同樣也是如此，通常偷懶後就會感到後悔，當變嚴重時就會心想：「為何我會這樣呢？」同時彷彿自己是人生魯蛇般地自責，根深蒂固變成習慣的行動是難以輕易糾正的，腦部的重量大約是一．四公斤左右，只占人體體重的二%，但會消耗身體需要的二十%的能量，所以經常會和身體爭奪能量，另一方面，腦部也會為了節省不足的能量而呈現強迫症的狀態。它所形成的現象就和模式化、自動化一樣。

比起新的方式，模式化具備想要依照往常、熟悉的方式處理的傾向，自動化就像是啟動機械一般具備反覆處理事情的傾向。特定的事情變成習慣時，腦部會依照模式化、自動化把消耗的能量降至最低程度，運作時也不會另外思考。據說世界級足球選手內馬爾在足球比賽中只使用了七%左右的腦部；使用 FMRI 拍攝法力高深的僧人進入冥想狀態時的腦部，發現此時腦部的活動量低於平常。此一事實也告訴我們當一件事成為習慣後，進行時也就會比較輕鬆。

試著舉例比喻吧，假設一個板子裝滿了石蠟，在它凝固堅硬後，使用熱鐵球四處滾動，鐵球經過的位置就會留下凹凸不停的痕跡。如果在上面倒水，水當然就會沿著凹凸的痕跡流動，如果脫離此一凹凸的軌跡，水就會難以流動。一個行動若是定型為習慣，腦部會形成強大的神經迴路，這就和裝滿石蠟的板子上的凹槽一樣，就像是脫離凹槽後水就難以流動一樣，要執行脫離神經迴路的行動同樣也很困難。許多人每當新年到來就會鬥志高昂地訂立目標，之所以都和「三天打魚，兩天曬網」這番話一樣幾天後就恢復原本的生活，就是基於此一因素。這也是要糾正錯誤習慣之所以困難的原因。

但就像是抽菸數十年卻在一夕之間成功戒菸一樣，只要付出努力還是有可能改掉錯誤的習慣，偷懶也同樣如此。我年輕時同樣也是一個很懶惰的人，每當一到週末都會睡到很晚，偷懶導致事情發生差錯的情況也不計其數。

我讀大學的當時電腦或網路都還沒進入普及的階段，想要確認是否有考上大學就必須去想讀的大學確認結果，當時我的分數大概在合格邊緣，不過當時就算公布合格者名單，我卻因為偷懶而沒能親眼去確認名單，雖然認為自己落榜的成分居多，但懶惰也是其中一項因素。我至今還是因為「如果當時我合格該怎麼辦呢？」的恐懼感而努力去忽視當時的情況。

現在我透過許多的訓練已經擺脫某種程度上的懶惰，雖然我無法說自己的人生算是成功，但話雖如此也不算失敗，擺脫偷懶這個行動可以說占了很重要的作用。

成為習慣的偷懶就和要拔除頭髮上的口香糖一樣困難，話雖如此也不是完全不可能，只要有堅定的意志，終究一定能達成目標。首先最好能讓自己擁有自信心。

運用五秒法則

擺脫偷懶的最佳方法雖然單純，但無論如何就是要踏出第一步，不管三七二十一就是要著手進行自己該做的事，在腦海中思考該做的事情之前，就該先付諸行動。只要開始行動，任何事都有可能完成，「好的開始是成功的一半」這句話其用意就在於此。如果必須讀書，那就該先坐在書桌前翻開書本吧！若是有重要的約定就一定要出門！若是要運動就要攜帶工具出門！想就業就該先準備履歷和自我介紹！如此一來自然而然就能解決相當程度的問題。

想要無條件立即展開行動，腦海中就不該有太多的思緒，如果一直去顧慮有多少充裕的時間、周遭的視線，以及對方會有何種反應等等的因素，那麼該做的事最終一定會往後拖延。我們不該給腦部思考的時間，千萬不要有「該做還是不該做？」、「該現在做嗎？還是之後做呢？」、「我不想做耶……」之類的想法，必須讓腦袋呈現一片空白的狀態。一般來說偷懶是經過大量的思考後才出現的，本來想去家前面的便利商店買冰淇淋，但往往當腦海中突然浮現「還沒洗頭髮」或是「必須換衣服」之類的想法，就會開始嫌麻煩和猶豫不決。如果能不假思索踏出家門，相信就能抵達便利商店。

我曾經為了降低嚴重發胖的體重而決定去晨泳，因為必須要上班，至少早上七點前要抵達游泳池，從日山的家要抵達位於江南公司附近的游泳池至少六點就要出發。每天都要早起實在是一大煎熬，要擺脫甜美睡眠的誘惑可以說是非常困難的一項任務，儘管如此只要爬起來出門就能解決問題。不需要清除眼屎，也不需要梳頭髮，直接開車出門，當抵達游泳池時立刻換上衣服，根本就不用在意周圍的眼光。像這樣勉強自己爬起來去游泳，當游完泳後會感受到一股非常痛快的喜悅，就算放棄游泳在家睡覺，頂多也只能睡三十分鐘左右，但繼續睡三十分鐘等醒來後一定會後悔。就算很難熬，但運動結束後的舒暢感是難以言喻的，換句話說就是無論如何都要付諸行動，這就是能成功降低體重的最大祕訣。

當我們想到該做某件事時，難以付諸行動去實踐的理由之一就是腦部阻止我們行動，在YOUTUBE創下龐大點閱率的梅爾．羅賓斯（Mel Robbins）說：「腦部形成想要行動之本能的時間與阻止行動的時間有五秒的間隔，腦部因為想要享受舒適與追求偷懶，當想起該做的事情時就會尋找妨礙它的藉口，當五秒過去後就會做出決定不要去執行動作。」

她還說強化行動的方法就是無論腦海中浮現何種想法，都該在五秒內去執行，而這就是所謂的「五秒法則」。

想起該做的事情的瞬間與距離腦部清醒進行妨礙為止有五秒的間隔，這段時間不管三七二十一先行動實踐腦海中的想法，接著就會循序漸進自動進行下一件事。

她在書中提到自己透過這樣的方法讓人生有一百八十度的轉變，而且有報告指出全世界各個地方都有許多成功的事例。就算沒有梅爾．羅賓斯說過的這番話，當我們想得越多，以及越從容時，就越容易拖延與偷懶，這是我們從經驗上都很清楚的一件事。基於這一點，在腦部產生思緒之前就該先營造執行氛圍的這番話是有道理的。

偷懶的代表症狀就是把開始做事的時間延後，就算是懶散的人，只要踏出第一步就會完成某種程度上的進度，只是開始很困難而已。這種時候盲目地執行也是一項不錯的戰術，為了和朋友見面而出門時也不太可能會回頭；為了拜訪交易處而外出時也不會因為時間充裕而再次回到公司，反而會因為嫌麻煩而排斥。就算開始的事情無法結尾也無妨；就算翻開書想其他事也沒關係；看著螢幕卻不知道該如何寫報告，最後只是以沉思收尾也無所謂。這同樣也是一項過程而已，只要每天反覆進行就會一點一點慢慢進步。

回想柴嘉尼效應（Zeigarnik Effect）

既然已經著手開始了，最好盡可能有始有終，有一個效應是柴嘉尼效應，俄羅斯心理學家柴嘉尼（Bluma Zeigarnik）在餐廳看見負責點餐的服務生後，不禁懷疑服務生是如何面對大量點餐內容卻不會搞錯且完全記住呢？用完餐後的柴嘉尼便問服務生自己點過什麼餐點，服務生搔了搔頭回答說完全不記得了，也就表示服務生點完餐後就完全忘記內容了。

對此一現象感到疑惑的柴嘉尼回到學校後便進行了一項實驗，召募一百六十四名實驗參加者後分成A、B兩組，然後交給兩組相同的課題。A組執行課題時沒有受到任何妨礙，反之，B組執行課題的期間卻受到妨礙，在完成前又被催促且賦予另一項課題。實驗結束後調查兩組的參加者是否記得課題內容，結果執行課題過程中受到妨礙的B組記得的內容比A組多兩倍以上，B組記得的課題中有六十八%是過程中放棄的課題，完成的課題則只有三十二%而已。

柴嘉尼效應傳達的訊息如下：

當我們沒能正常完成某件事時，內心會覺得不舒服，未能完成的課題就會一直在記憶中留下殘像。反之，完結的課題會在記憶中完全消失不見。這是因為腦部的記憶容量有極限，不必要或失去用途的記憶都該清除，這樣才能接收新的資訊。只要視為小型儲存裝置USB就會很容易理解，USB的資料裝滿時就無法儲存新的資料，執行課題需要的作業記憶因為容量小，若是有不必要的資訊，對於接收新的資訊會造成嚴重的影響。

再加上作業記憶若是留有未清除的記憶，當從一個課題轉換為另一個課題時就會難以記住先前的課題內容，整體課程的執行速度之所以會變慢，是因為課題之間的干涉造成失誤變頻繁，工作的效率也會因此而變低落。該做的事若是無法及時處理且往後拖延，它會留存在腦部且對我們的內心造成不便。

它對下一項課題的執行也會造成影響，當拖延的事越多，留存在腦部的殘像與心中的不便就會變劇烈，當它變嚴重時不管做任何事都一定會感到心理上的負擔。

但若是一開始就想做一堆事情，大概就會半途而廢吧，這是因為對持續專心做一件事直到獲得成果不夠熟悉的關係。偷懶者並不是盲目地說要寫書坐在書桌前就會一整天都在進行原稿作業，由於追求瞬間的滿足是腦部的特性，寫書時也會一直分心做其他事情。

就算從早到晚坐在椅子上，工作也會遲緩沒有進展。

不該一昧地費盡心思想要脫離，雖然一開始能快刀斬亂麻般地果斷脫離懶散會是最好的，但大部分的人都無法辦到，剛開始能工作的時間少，從中獲得的成果當然也有限。但請記住這一點，隨著時間過去成果的數量就必須逐漸提升，如果一開始想完成的目標過於遠大，當然也就容易失去鬥志。只要一點一點持之以恆執行目標，久而久之就會產生變化。相信抽過菸的人都很清楚，戒菸最大的關卡就是第三個星期，只要撐過三個星期就能成功戒菸，但三個星期內若是再次抽菸就無法戒菸。為什麼是三個星期呢？腦部只要持續進行某件事三個星期左右就會形成新的神經迴路，進而變成一種習慣，原本的壟溝會被填平，並且形成新的壟溝。因此，我們必須承認無法一口氣提升執行力的事實，以更深的呼吸牽引出變化。

✦ 超越周遭的責備與視線

偷懶的理由大概也會包含畏懼周圍目光的心情，如果我能隨心所欲做任何事、如果不需要在意他人的目光，那麼偷懶的人應該就會減少非常多。無論成果多寡，只要能滿足就行了，但一想到說不定其他人也會看見，再加上結果可能會獲得負面評價，就會開始猶豫不決。因此越在意他人目光的人，就越難以開始做事，同時也越容易懶惰。

人類的思考與行動之所以會因為他人的目光與評價而有明顯的不同，是因為原始時代開始延續至今的本能所使然。人類和其他禽獸不一樣，沒有堅韌的牙齒、爪子與肌肉等，為了以脆弱的身體條件從惡劣的環境中求生存，需要尋求他人的協助，為了生存選擇了社會化當作武器。也有人主張人類之所以會進行頭化現象（cephalization）就是基於此一因素，久而久之，他人看我的目光也就成為生活中的一大重要要素。當他人認為我是值得信賴且正直的人時，就能融入團體一起相處，但若是情況相反時，就會被驅離出團體且獨自被拋棄在貧脊的環境中。由於是生是死取決於他人的評價，因此也就會變成無法忽視他人的視線與責備。

像這一類周圍的視線也會改變「對自己的判斷」，試著以和他人一起玩遊戲的情況來舉例吧！實驗結果顯示，當自己選擇的虛擬化身對周圍的人來說充滿魅力且獲得支持時，相較於不像樣且寒酸的角色使用者，結束遊戲後在實際情況下會更具自信心、開放，以及善於社交活動。假設周圍的人認為自己選擇的遊戲虛擬化身沒有任何看頭時，實際上的競賽結果也會比較差的情況居多。這是因為我們的潛意識會配合他人的期待調適自己的想法，而這就稱為普羅透斯效應（Proteus effect）。

史丹佛大學研究團隊讓實驗參加者在虛擬空間中選擇體型較大的虛擬化身與他人進行相互作用，後來那份信心也會持續，而且不會受實際上的外貌影響，日常生活中也會更加積極行動。這項實驗顯示，對於自己的想法也可能會改變我們的行動，也就是說我們如何看待自己比他人的目光更加重要。

另一方面，人類的此一特性也會讓我們擔心自己被他人視為笨蛋或無能的人看待。若是這一類的恐懼過度強烈，就會莫名地在意他人的目光與害怕責備。在意和我毫不相干的人的想法，而且因此無法進行該做的事情，就算有想做的事也無法痛快地著手進行。在他人面前發表時不停發抖、或是在演講過程中想提出疑問卻只是忍住且不斷地在心中想而已，這一類的情況都是此一因素造成的結果。

人類就像這樣會不斷地在意周圍的人，但這是為了不讓他人因為我而受到傷害，而不是為了迎合他人。只要不會對他人造成傷害，我的步調速度是快是慢都無所謂。

就算坐了一整天，若是成果沒有任何進展，說不定周圍的人會指責說：「一整天就只做了這麼一點？」聽見這樣的指責當然也就會意氣消沉，不僅會畏縮，對於他人的目光也會有更強烈的感受。

當意識到那樣的目光時，可能就會失去自己的步調，變成刻意迎合他人的步調，也就會無法長久持續下去。不管做了多少事，只要我能對結果負責，就不需要刻意在意其他人。

長距離跑步的馬拉松遵守自身的步調是很重要的一件事，當被周圍的其他跑者影響失去步調且融入當中就一定會面臨危機，起初領先的跑者越接近終點時卻變成越落後也是此一因素。龜兔賽跑時，儘管烏龜的步伐很小，但因為能持之以恆完成比賽，最後才終於甩開兔子取得勝利。就算速度緩慢，最重要的是能保持恆心。

我們也需要從責備中獲得解脫，根據社會自我保護理論來看時，人類有維持社會地位，以及想要向自己重視的人取得認同的動機。想要向他人取得好感的目標若是遭受威脅，壓力軸就會啟動，進而分泌皮質醇與腎上腺素等的荷爾蒙。責備屬於其中一種，受到責備時會衍生出負面的情感與情緒，海馬迴與杏仁核活動後會強化與儲存該記憶，不愉快的記憶不會輕易被忘記。被稱讚時出現的催產素（oxytocin）會在五分鐘內消失在血液中，但被責備時出現的壓力荷爾蒙則會持續超過兩個小時。因此如果太在意周圍的責備，就會導致我們失去自信心，進而讓我們難以展開行動。

責備的大部分因素源自於猜忌與忌妒，一般人沒有理由去責備自己不會猜忌或忌妒的對象，你是否曾去指責比不上自己的人呢？或許有非得讓對方牢記在心的話要說，但倘若不是的話，務必要讓自己從指責中獲得解脫。只要視為「他們一定是忌妒我」一笑置之就行了。就算反覆地回想，最後也只能換來創傷而已，儘管法律上或倫理上沒有任何過錯，若是自己無法明白這一點就會造成嚴重的問題，但若是進行沒有問題的事情卻依舊害怕周圍的評價且戰戰兢兢，只會讓自己變得更加畏縮而已。

秉持「下次就沒機會了」的想法

懶惰者的特性是就算當下有事必須去做，也會說「明天再做吧」、「下次吧」之類的話把事情往後拖延。當它變成習慣時就會難以根治，任何事都往後拖延，拖延的事情隨著時間過去就變成了負擔。我們必須立刻敞開胸懷，從我的意識世界中刪除「明天開始」與「下次」的單字，只要一想到有事必須去完成，就應該馬上去實踐。當必須撥打電話給某人時就該立刻拿起電話按下號碼，若是抱持下次在打之類的想法，可能就會忘記且無法進行。而且也可能難以在自己想要的時期得到期待的結果。

我曾因為「下次吧」的想法導致發生悲痛的經驗，第一份工作認識的一名主管在我的職場生活上給了相當大的幫助，二十五年的職場生涯中我幾乎不曾在業務上遇到困難，全都歸功於那位主管的幫助。當國人因為金融危機在水深火熱中哀嚎時，我之所以能在美國享受舒適的留學生活，全都是因為那位主管推薦我為獎助留學生。對我來說他當然就是一位令人感激的貴人，在我換工作後，我們有好一段時間都過著忘記彼此存在的日子，直到我決定退休時才突然又想起那位，於是便試著聯絡對方。

在聊過各種不同的話題後，我答應對方說改天要帶自己著作的書去見他，因為我一直都對他心存感激，想再去見他一面的想法也是發自於內心。不過時間卻又無期限延後了，因為一直都過著被追趕般的生活，很自然地就會出現「下次吧」的想法。就這樣有一天我收到他已經過世的噩耗，由於他的年紀還不算太老，先前通電話時健康也沒有大礙，這個消息讓我深深受到打擊。一直到那時候為止我才深切感受到，如果總是說「下次吧」而不斷地拖延，說不定之後就不會再有機會。

當想到要做某件事時就該立刻去實踐，倘若目前手中的事情無法中斷，在完成後就立刻先去執行那件事吧！如果以「改天有空時」當作藉口拖延，可能就會錯失良機造成損失。因為把當下該做的事往後拖延就和擲出迴旋鏢沒有兩樣，它終究會再次回到我們身上，壞事往往都是在緊急情況或煎熬的情況下出現。與其造成自己的困擾，事先進行處理會更好，當事情拖延的越久，我們可能就會變得越煎熬，焦慮也會變得越強烈。

記錄與清除該做的事

偶爾我們也會忘記拖延事情的理由，腦部的作業記憶有限，若是想起該做的事卻不馬上去執行，隨著時間過去就會被刪除，之後才又突然驚覺想起，這樣可能就會錯失開始的時間。有一次我下班回家時發現，西裝一邊的袖子因為莫名的因素而被嚴重撕破，大概是我把西裝放在後座時不小心被門縫夾住了，因為衣服太貴了，我根本就捨不得丟掉，本來應該送去修補，但我卻一直忘記這件事。後來有一次需要穿西裝，我卻因為袖子被撕破而沒辦法穿，假設我有先送去修補，需要時就不會遇到這種窘境，但卻因為我忘記且拖延的關係而造成自己的困擾。

幸虧這樣的失誤沒有造成太大的問題，但依照情況的不同，忘記的事卻也有可能釀成大禍。假設現在我們要和職位高的人一起去拜訪客戶，若是沒有先和客戶約好，可能就會發生傷腦筋的情況，不過卻因為急事而暫時忘記這件事，就這樣過了好幾天。幾天後突然想起時，卻因為客戶的情況不允許而無法約時間，高層早已調整行程準備要去拜訪客戶，但客戶卻以沒有時間約好時間回絕，面對這種情況該怎麼辦呢？

雖然不是故意的，但我們在生活中經常會發生這樣的失誤，想要防止這一類的失誤，把每天該做的事寫下來也會有幫助。睡前寫下隔天該做的事，早上醒來後就立刻一一去執行，彙整早上該做的事後再開始執行也是不錯的方法。

使用小手冊或便利貼寫下該做的事，然後貼在明顯的地方，並且養成經常確認的習慣。寫成文字就是讓課題視覺化，處理資訊時讓它呈現視覺化的效果，能讓腦部消耗的能量降至最低程度。想要使用文字或語言說明目前所待的空間非常困難，但如果是圖片就單純多了，就算不付出太多的心力也能描繪出它的模樣。複雜的概念視覺化後，就能以最具效率的方式運用能量，如此一來不僅能降低對前額葉造成的負擔，也能有效地使用能量。

把今天或明天該做的事寫在紙張上，就不需要為了記住這些事而消耗能量，也不會因為柴嘉尼效應，因為尚未處理好的事情的殘像對其他事情也造成影響，同時也能以更安定與更具效率的方式運用腦部。更進一步地，可以減少腦部作業空間的浪費比例，把作業空間分配給更具價值的事情。

當然最好的方法就是，當想起某件需要做的事情時不會拖延且立刻著手執行，但隨著時機不同，也有可能因為事情需要收尾告一段落，導致逼不得已必須往後拖延。

遇到這種情況時寫備忘錄就可以盡可能避免有遺漏的事項。

使用文字填寫該做的事對於提升執行力有幫助，它同時也有另一項優點，就是讓人感受到小小的成就感與意義。填寫好當天該做的事情的清單後，每當刪除一項時就能確認自己完成的部分，並且隱約從中感受到快感。每當這種時候就會分泌讓人隱約感受到快感的多巴胺，若是它流入前額葉，做事的專注力就會上升，當專注力上升時，執行力也一定會增加。

設定截止時間

該做的事若是沒有設定完成時間，當然就會因為嫌麻煩或現在面臨的問題而拖延，想防止此一情況發生最好能設定截止時間。重要的是連瑣碎的小事也該設定截止時間，只要事先設定好完成時間，就會付出努力直到完成目標為止。

假設我們在路上遇到了久違的老朋友，在路上稍微聊了一下，分開時還向對方說「改天找機會見吧」，但這句話的意思就和再也不想見到那個朋友沒有兩樣。如果真的想再見到那個朋友，當下就應該約好時間，沒有截止時間的事情就和「改天找機會見吧」的約定是一樣的。因為沒有約時間，自然也就感受不到義務，也感覺不到非得見面的必要。

就如同前面說過的一樣，人類的腦部偏好偷懶，缺乏義務感往往就會怠惰。

當內心形成排斥感時就會拖延，在腦部發生衝突與鬥爭的過程中，舒適會獲得勝利。

在進行這本書的原稿作業時我並沒有設定截止日期，當突然不想工作時我連看都不看原稿一眼，一想到「反正也沒有訂日期……」，我就整個陷入偷懶的狀態。後來認為不能繼續這樣墮落下去，在設定截止日期後才終於能把心思全都放在寫稿。

最後期限（deadline）在歷史上的意思是指囚禁罪犯後可行動的範圍，若是罪犯超線就會被守衛射殺，因此被稱為「死線」（deadline）。有許多心理學家針對死線進行了研究，其中根據耶基斯－多德森定律（Yerkes–Dodson law）來看時，人類的覺醒狀態越高時，成果也會隨之提升。但覺醒狀態若是超過一定的水準，反而會因此承受苦痛、被壓制或是無法專心導致成果太差。

這裡所指的覺醒可能是壓力，也可能是無法完成重要的事情時，源自於對預期之潛在結果與完成目標剩餘之時間的緊張與不安。腦部雖然有想要把事情拖延的傾向，但想要避開不愉快之事情的意志更強烈。因此當截止時間逼近時，覺醒狀態會升高，而且傾向於想要快點專注於該做的事情。相反地，若是沒有截止時間就無法達到覺醒狀態，也無法全心全意專注於工作。因此，當想做某件事時，決定截止時間是非常重要的方法之一。

在深受歡迎的TED大會中曾談到「拖延者的心理」，建議各位讀者試著去搜尋看看，演說者提姆．厄本說：「拖延者的頭腦與其他人的頭腦不一樣，不會拖延的人其腦部是由理性決策者掌握主導權，但偷懶與拖延的人其理性決策者旁邊有追求短暫滿足的猴子。」不會偷懶的人當必須進行某件事時，會為了效益性做出合理的決定；但拖延者的決定權在於追求短暫滿足的猴子手中，只會尋找滿足當下的藉口。像是「我現在有點睏，稍微睡一下再起來吧」、「好像有點餓，要不要煮泡麵吃呢」之類的藉口，甚至連平常不看的紀錄片都突然覺得很有趣。

追求短暫滿足的猴子有只會追求簡單與有趣事物的問題，不過人生並不是一直都只有愉快和簡單的事情而已，不愉快、艱難且非做不可的事也相當多。無論是職場生活，或是為了準備未來而磨練自己都是如此。此時，腦袋中的理性決策者與追求短暫滿足的猴子之間會發生衝突，拖延者無時無刻都沉陷在這種矛盾的狀態當中，而且最後都是由猴子獲得勝利，我們會離開合理王國，逗留在簡單與有趣的「暗黑遊樂場」（Dark Playground）。

但因為那個地方充滿罪惡感、不安、恐懼和自我嫌棄等，停留在那個地方的時間越長，負面的情感也會跟著高漲。

值得慶幸的是，拖延者擁有守護天使，守護天使無時無刻都在某處扮演觀望與保護的作用，而他的名字是「恐慌怪獸」（Panic Monster）。恐慌怪獸平常大部分的時間都是休眠狀態，但是當截止時間來臨或是預測到可怕的後患時，他一定就會醒來。因為猴子實在太害怕恐慌怪獸，當他醒來時猴子早已消失到無影無蹤了，從那時候開始理性決策者就會掌握主導權。儘管會因為恐懼而害怕，因為焦慮而煎熬，但事情並不會完全搞砸。

問題就在於無期限拖延的行為，如果已經設定好截止期限了，拖延的代價就是被時間追著跑且驚慌失措，但多虧恐慌怪獸的幫助，讓事情終於能完成告一段落。而且這也是造成長期不幸與後悔的來源。

雖然提姆．厄本的演講內容從腦科學的角度來看時並不正確，但當我們沒有設定截止日期時，通常都一定會偷懶和把該做的事往後拖延。這是因為感覺不到壓迫感，以及無法輕易達到覺醒狀態的緣故。

為了擺脫懶惰且不要把事情往後拖延，決定截止時間是必備的條件，位於腦部最前方的前額葉會制訂計畫和預測執行時能獲得的結果，藉此引導我們去執行。所以該做的事情設定截止時間後，前額葉就會把更多的心思放在那件事上。

設定截止時間時必須考慮一件事，那就是「計畫謬誤」（planning fallacy）。當有必須執行的事情時，腦部在測量它所需時間的作業過程中會有過度樂觀的傾向，換句話說就是會低估實際上所需要的完成時間，這是因為腦部認為過去無法遵守截止時間的大部分情況都是外部因素造成的。

腦部認為若是沒有某人的來電、父母親的使喚、朋友突然的造訪等外部因素，就一定能在自己推測的時間內完成工作。不過試著思考一下吧！「到底有多少人能在計畫的時間內完成計畫的事情呢？」、「總是比預期的時間更晚且無法配合截止時間，因此而筋疲力盡不是常見的情況嗎？」因此，截止時間的設定應該要比預計的時間更加嚴格。

設定截止時間等於是賦予自己義務感，等於是將前額葉套上枷鎖，讓它一定要監視整個工作過程直到結束為止。光憑自己的意志是難以輕易逃脫懶散，如果藉由意志就能輕易擺脫它，那每個人早就從懶惰的束縛中掙脫出來了。有時候我們也需要對自己的行為賦予強制性，就算是與自己之間的約定，但只要努力遵守約定，相信就能從偷懶的深淵中獲得解脫。

自行賦予動機

由於腦部喜歡刺激，若是少了刺激，腦部就會感到枯燥乏味。偶爾周圍可以見到不斷與他人鬥嘴的「鬥雞型」人，這一類的人額葉功能低落，因此需要刺激。爭吵會對腦部形成一種刺激，想要提升執行力就需要刺激腦部，給予刺激的方法有兩種，一個是形成緊迫感分泌壓力荷爾蒙正腎上腺素，另一個是透過獎勵分泌讓人感受到快感的多巴胺。雖然兩種都具備提升集中力讓人專注於事情的效果，但從長期的觀點來看時，兩者所呈現的效果不同。我們應該盡可能減少壓力荷爾蒙的分泌才能維持健康的生活。

補償是腦部最喜歡的刺激，在獲得某個補償時，腦部會分泌多巴胺與腦內啡等的神經傳達物質，並且強化行動。若是持續性給予腦部補償，執行力就會上升，最好的方法就是賦予自己動機。若是有適當的動機，人類為了滿足動機就會付出行動，若是沒有賦予動機，自發性當然就會減少。

動機可分為內在動機與外在動機，內在動機是個人的內在因素與執行之課題本身同步化，舉例來說，該做的事情滿足自己的興趣或好奇心，或者完成工作時的成就感等的自我滿足。內在動機因為工作本身或它所帶來的成就感發揮補償作用，因此持續力很強。

反之，外在動機是與該做的事情無關的外在要素，也就是源自於解決課題形成之補償的動機。就是當我們完成工作時，結果能帶來的金錢方面的獎勵、認同、名譽等的外在動機要素。由於外在動機只有工作的結果獲得獎勵時才會發揮效用，持續力相較於內在動機顯得較薄弱。換句話說，就算努力工作，若是沒有獲得獎勵，就會失去興致且形成排斥感。

根據「自我決定論」（Self-Determinatio）來看，以外在動機為開始的事情也能發展為內在動機，自我決定是指自己決定該如何對事情反應的過程，人會因為對特定課題的興趣、好奇心或自我滿足而付出行動，但因為外在的獎勵開始的事情若是與內在同步時，就算沒有獎勵也會延續那項行動。

因此，只要適當使用內在動機與外在動機，在執行某件事時就能稍微獲得幫助。

首先，試著比較進行該做的事情時獲得的結果，以及未能完成時獲得的結果吧！完成時可獲得的結果包含成就感、幸福感與舒暢感等；未能完成時出現的結果有自責感、外部的指責或是金錢上的損失等。像這樣比較可獲得的正向結果與負向結果，就能賦予自己想做事的動機。

完成工作時可獲得的結果	未能完成工作時可獲得的結果
成就感 幸福感 自信心 自我效能	自責感 外部的指責 金錢上的損失 無力感

外在動機若是經常使用，其效果就會消失，但需要時適當地運用也是不錯的方法，其中一個就是獎勵自己。舉例來說，雖然開始寫這本書的原稿已經好一段時間了，但我卻對結果產生疑問，且經常出現想放棄的念頭。所以為了管理好心境，我和自己做了一項約定，等完成原稿後我就要去旅行，就算不是什麼偉大的旅行也無所謂，因為只要滿足自己就行了。

若是原稿決定出版，就能給予另一項獎勵。和家人一起在奢華的餐廳外食或去購買平常想買的物品等各種形態的獎勵，就算賦予外在動機，但因為這一類要素的關係，連原本排斥的事情也會忍耐進行。久而久之完成時又能獲得成就感或是其他滿足，而這也會轉換為內在的動機。

獎勵不需要太壯大，若是為了閱讀而坐在椅子上，每閱讀一本就稱讚自己好棒也不錯，或者也能稍微挪出時間進行簡單的遊戲。

若是達成當天的目標，和朋友相約見面也不錯，上班族

完成原稿時賦予的獎勵	完成原稿後， 出版社決定出版時獲得的獎勵
旅行 和家人一起外食 購買想要的物品	外在的 版稅帶來的金錢收入 他人的認同 作家的榮譽 內在的 成就感

當中也有擅於利用這一類獎勵的人。舉例來說，每當一到發薪日就會去吃美食或喝紅酒，存好幾個月的錢去購買名牌背包送給自己當作禮物。若是單單只靠內在動機依舊不足時，只要妥善運用這一類的外在動機，就能增加動機的吸引力，進而提高執行力。值得注意的是，外在動機若是變成習慣，原本視為像歡樂遊戲一樣的事情也會變成枯燥乏味，必須在適當的程度中協調。

掌握偷懶的水準

偷懶者的自我認知能力可能會降低，無法察覺到偷懶的嚴重性，或者安逸地認為「其他人大概也沒有什麼不一樣吧」。

因此有時候應該透過精準的自我評價，以客觀的角度審視自己懶惰的程度，並且從中獲得領悟，而這也能對腦部造成一種刺激。

為了以分析與統計的方式確認自己是否有偷懶，試著回答下列問題吧。

❶每天醒著的時間有幾個小時呢？（　）小時

16個小時以上是正常。

14～15個小時是多少有些懶惰。

12～13個小時是懶惰。

未滿12個小時就是相當懶惰。

❷醒著的時間當中，遊手好閒虛度的時間比例是多少呢？（　）%

20%以上是正常。

21～30%是多少有些偷懶。

31～50%是偷懶。

超過50%就是相當偷懶。

❸和朋友約會時遲到的比例是多少呢？（　）%

20%以下是正常。

21～40%是多少有些偷懶。

41～60%是偷懶。

超過60%就是相當偷懶。

❹認為自己過去一個月毫無意義虛度的時間有幾天呢？（　）天，以30天計算取得比例（　）％

10％以下是正常。

11～20％是多少有些偷懶。

21～30％是偷懶。

超過30％就是相當偷懶。

❺過去一個月該做的事沒能及時進行且拖延的比例有多少呢？（　）％

20％以下是正常。

21～30％是多少有些偷懶。

31～40％是偷懶。

超過40％就是相當偷懶。

❻過去一個月因為偷懶導致沒能做事的比例是多少？（　）％

20％以下是正常。

21～30％是多少有些偷懶。

31～40％是偷懶。

超過40％就是相當偷懶。

回答上面的問題後就能更精準地掌握自己的性向，可能和平常感覺到的是一樣的性向，也可能不一樣。重要的是以分析的方式自我確認，我們需要透過這樣的方式以客觀的角度審視自己，倘若自己比想像中的更懶惰，那就該立刻改變生活習慣。

| 第7章 |

必須成為自己
人生主人的理由

人生的本質與焦慮

所有的人類都是自己人生的主人，有責任與權利以自己專屬的面貌堂堂正正且有自信地面對人生。就如同人類的指紋、虹膜與個性全都不一樣，每個人的人生都不一樣，不需要每個人都成為有錢人、資優生、企業老闆或是高階公職人員。只要秉持知足常樂的心態面對生活就行了，在自己的能力範圍內忠實於生活就能獲得滿足，如此一來生活中的幸福度也會隨之增加。

很遺憾的是，相當多數的人都無法辦到。或許是因為選擇社會化當作進化工具的緣故，比起追求自己專屬的生活形態，更著重於注意周遭的人與嘗試追隨他人。

明明不清楚為何要讀大學的原因，卻還是盲目地執意要去讀大學，就算現在的工作並不差，依舊想要追隨周圍的人離開公司去旅行。另外，明明就算賺得少也非常滿足，另一方面卻又為了想賺更多的錢而拚命掙扎，結果無法依照自己想要的方式生活，只能依照周圍的期待或基準生活。不僅人生失去了自己專屬的本質，還會一昧地在意他人，追求他人眼中看似有模有樣的生活。

在此一過程中若是認為可能會辜負他人的期待，就會自己感到痛苦與煎熬。明明是自己人生的主人，卻無法掌控自主權，無時無刻都要看他人眼色，過著如同奴隸一般受到束縛的人生。

若是人生無法自主掌控且一直被牽著鼻子走，就會以負面的態度看待人生，最後甚至會陷入焦慮。是什麼讓我們的人生無法自主呢？

是貪心、忌妒、比較、自卑等的情感，比較會引起忌妒與自卑等的情感，進而擴展為貪心。這一類的情感會讓我們無法接受自己原本的面貌，無時無刻都在觀察他人的目光，無形之中認為自己被當作比較的對象。當看見比自己還差的對象時可能會覺得很滿足，但這類型的人通常眼光都特別高，不滿的時間多於滿足的時間，因為經常都是不滿足的狀態，無時無刻都渴望讓自己滿足，久而久之當然也就會認為自己的人生崎嶇坎坷。難以豁達從容看待人生，無時無刻都陷入焦慮也是顯而易見的情況。

想要過著沒有焦慮的人生，就必須遠離貪心、忌妒、比較與自卑等的情感，唯有阻斷這一類的情感，我們才能擁有自主的人生，成為人生真正的主人後也才能知足常樂。

過度的貪心

很久以前有一個雙眼失明的人，他一生的願望就是死之前能睜開雙眼，聽見這個令人惋惜的消息後，貓頭鷹便去找瞎子說：

「大叔，我只有夜晚會行動，白天都在睡覺，因此我白天並不需要眼睛，我白天時會把雙眼借給你，但夜晚時請記得還給我。」

接著瞎子回答說：

「真是太感謝你了，我晚上一定會把眼睛還給你，只要白天借給我就行了，畢竟我晚上也要睡覺，所以不需要眼睛。」

「你一定要依照約定晚上時把眼睛還給我。」

隔天早上起床時，瞎子發現整個世界突然變得非常明亮刺眼，從那一天開始他們就輪流使用眼睛，白天是屬於瞎子的，夜晚則是屬於貓頭鷹的。不過幾天後，瞎子突然起了貪念。

「根本就不需要輪流使用，晚上也不要還給牠，我還是逃跑吧。」

於是瞎子便帶著貓頭鷹的雙眼逃到很遠的地方，因為晚上也能看見閃亮的星星，瞎子覺得相當開心。不過隨著時間過去，他的視力卻逐漸變模糊了，最後他又再次變成了瞎子，所以他再次四處徘徊去尋找貓頭鷹。

「大叔！為何你要違背約定逃走呢？因為失去雙眼，害我找不到食物只能挨餓，也因為這樣我的眼睛才會失去力量。」

語畢，貓頭鷹倒地而亡，瞎子邊捶地邊感到後悔，可是為時已晚。貓頭鷹因為沒能進食而餓死，現在消息已經傳出去，沒有貓頭鷹願意借眼睛給自己了，失去好同伴貓頭鷹後，他也因為悲傷哭到筋疲力盡而死。

雖然這只是一篇故事，但透過這個短文，我們似乎充分能明白貪心是如何摧毀我們的人生。貪心的根源在於無法滿足自己所擁有的，無論多麼渺小與難看，只要能對自己所擁有的感到滿足就不會產生貪欲，若是無法辦到就會想要擁有更多，進而塑造出貪欲之心。雖然大部分的情況都是與他人比較後感覺到自身的不足，但就算比較的對象不在外部，內心世界也會衍生想要擁有更多的欲望。

當然欲望並非完全是不好的，沒有欲望就不會有所發展，只要稍微更貪心一點，就能獲得更多的成就。如果以有發展性的方式運用欲望，對於提升自我有莫大的幫助，問題就在於過度的欲望。貪欲一定會帶來不幸，就和前面提過的瞎子與貓頭鷹的故事一樣，如果瞎子沒有起貪念的話，瞎子和貓頭鷹應該都能過著幸福的日子，因為瞎子太貪心的關係，才會導致自己與貓頭鷹都遭遇不幸。

常聽到有人說「做人要懂得分寸」、「爬不上的樹連看都別看」之類的話，唯有掌握自己的能力且依照能力行事才能獲得滿足的結果，當然隨著世界的改變，制訂遠大的目標達成超越自身極限的成就已經變成了一種美德，人還是需要某種程度的欲望，沒有比缺乏欲望的人生更令人鬱悶的事情了。超越極限的挑戰固然重要，但如果是超出自身能力範圍且無法承受的挑戰，那就是過度的貪欲。

過度的貪欲終將造成無法避免的焦慮，當下要做的事情很多，卻因為能力不夠只能從中擇一。放棄本來要做的事或是全部都敷衍了事，無論是哪一種情況，在取得最終結論之前當然會對結果感到不安。

假設現在我們獲得一天難得的美好假期，因為是好不容易才獲得的假期，大概連片刻都不想要浪費。想要閱讀還沒看完的書，以及欣賞早就想看的電影，隱約顯得有些貪心。當拿出書閱讀時卻又突然覺得一整天都看同一本書太浪費時間了，接著便悄悄闔上書且翻開另一本書，但另一本書同樣也是三分鐘熱度，就連明明在時間充裕的情況下閱讀時相當有趣的書也無法認真看下去。

觀賞電影時也同樣如此，才剛開始二十分鐘就認為電影很枯燥無趣，基於認為太浪費時間了，於是便開始尋找其他的電影，結果每一部電影都只有看前面的片段而已，沒有從頭到尾專心看完的電影。

像個典型的焦慮症患者一樣驚慌失措且搖擺不定，沒有任何一件認真完成的事情。如果一開始就認定只看一本書和一部電影，那應該就能輕鬆專心看完，但卻因為貪心而搞砸了一切。

欲望往往都會伴隨著焦慮，話雖如此也不該捨棄所有的欲望，過著毫無希望的人生。想要成長與發展，就該設定比現在更好的目標，以及具備挑戰的心態。

但是人都存在著能力的極限，以及可使用之資源的極限，無法承擔的過度欲望蒙蔽了雙眼，導致我們超越了極限的界線，當超越自己的能力與資源的極限時，焦慮就會從心中萌芽而生。

想要掌控焦慮就該捨棄貪欲，幸福的人生若是塗上名為貪欲的顏料就會變不幸；原本對交往的異性或配偶感到很滿足，後來卻貪欲而變得不滿意；另外，原本對自己的薪水感到滿意，也可能會被貪欲迷昏了頭而導致下場變得非常淒涼。這個世界上沒有比它更強烈的情感，所以過度的欲望會讓人不懂得滿足。擁有九十九的人選擇不去幫助只擁有一的人，而是奪走僅有的一讓自己變成一百，這就屬於是貪心的一種。

薩里耶利症候群（Salieri syndrome）

剛進大學時，電影《阿瑪迪斯》受歡迎的程度造成了一陣轟動，那是描述天才作曲家莫札特一生的電影，登場人物包含了主角莫札特與一位名為薩里耶利的人物。

安東尼奧·薩里耶利是和莫札特活在同一個時代的義大利作曲家，因為認識皇帝約瑟夫，後來便被選為宮廷作曲家，一七八八年成為宮廷樂隊長，晉升為當代音樂家無法超越的最高地位。他和格魯克共同作曲的歌劇《斑蝶》（*Les Danaides*）在巴黎表演且獲得了成功，另一部歌劇《霍拉斯》（*Les Horaces*）同樣也相當成功。此外他還完成四十多首歌劇、抒情音樂和神劇的曲子等。

乍看下他的人生相當成功，也是享有會讓一般人稱羨的富有與權力的人物，但他卻一直因為莫札特感到自卑，雖然同樣都是作曲家，但他卻無法創作出比莫札特更優秀的曲子，因此一直都感覺到落敗感與感嘆自己的際遇。他敬仰與尊敬莫札特，同時也為了追上他而竭盡所能，但努力往往是無法戰勝與生俱來的才能，最後他被忌妒蒙蔽雙眼殺了莫札特。

雖然不清楚電影中的內容與實際上是否完全相符，倘若薩里耶利可以不要一直在意莫札特的存在且專注於自己的人生，他的人生一定會是快樂的結局。不過，站在莫札特身旁的薩里耶利連片刻都無法感受到一絲絲的幸福。

薩里耶利是一位和莫札特幾乎不分上下的偉大音樂家，但是他卻否定自己的人生，為了跨越天才莫札特這道高牆而不斷地折磨自己。他不僅忌妒莫札特，也會暗中與他比較，也因此感到自卑，甚至產生想要超越他的荒謬欲望。

結果導致他必須每天都活在煩悶與苦痛的深淵當中，倘若他接受與認同自己所具備的才能，欣然接受自己無法超越天才莫札特的事實，以及展開良性的競爭，他的人生大概就不會如此艱辛。後來世人以薩里耶利的名字把「自卑情結」命名為「薩里耶利症候群」（Salieri syndrome）。

我們國家二〇一四年上映的電影《尚衣院》也是差不多的內容，替王室製作服裝三十年的御針匠趙都錫重視法度與原則，由於是他一位深具實力的匠人，只要再湊滿六個月，其功勞就會獲得認證且成為兩班。有一天，說要幫王修補冕服的王妃與侍從不小心燒毀了冕服，在已經無計可施的情況下，有人推薦宮廷外擅長製作衣服的李孔鎮且傳喚了他，他只花了一天的時間就完美製作好衣服，更重要的是比趙都錫製作的衣服更加舒適與合身。

趙都錫認為李孔鎮是製作妓生服裝的卑賤存在，雖然內心瞧不起他，但看見他信賴與追隨自己的態度後，便敞開胸懷決定和他一起製作王妃的服裝。但隨著時間過去，情況開始變不一樣了，宮廷與一般百姓都開始認同李孔鎮製作的衣服更棒、更舒適，且成為了主流，受歡迎的程度甚至讓國王也拜託李孔鎮幫自己製作衣服。看見本來認為比自己卑賤、不如自己的李孔鎮憑藉天才般的氣質漸漸獲得王與百姓的喜愛時，趙都錫開始感受到強烈的忌妒與自卑。

從李孔鎮進入宮殿的那一刻開始，趙都錫無時無刻都在牽制他與感到忐忑不安，最後他終究無法跨越天才那座高大的壁壘，憤而將他逼入死地，而他自己也失去了工作。自卑與忌妒塑造出來的扭曲行動終將會讓他人與自己的人生都變不幸，而這同樣也可以說是薩里耶利症候群的典型症狀。

與他人之間的比較

稍微更深入探討薩里耶利與御針匠趙都錫焦慮的原因後可以發現，其實是與他人比較的心態在作祟，如果沒有比較的對象，就有可能是和某個絕對性的概念比較。

雖然很可笑，但人類具備兩種基本的本能，一個是想要向他人炫耀自己的心態，另一個則是誹謗他人的心態。

FB、IG、Twitter等的社群軟體之所以會受歡迎，全都和這一類的本能有關係。我們主要都是在想要炫耀自己或是告知他人時會使用社群軟體，享受昂貴或美味的食物時、習得新知識時、前往異地旅行時、遇見名人時、升遷時等個人情況發生變化時主要都會透過社群軟體通知他人。

炫耀不會露骨地表現出來，只有隱約提供蛛絲馬跡而已，去國外旅行回來後上傳一張與美景一起拍攝的照片，並且假掰一下加上「偶爾要來一下悠閒的生活……」之類的話，或者是一句「清爽的早晨以一杯咖啡開始的悠閒」加上拿起咖啡的手腕上的名錶之類的方式。這樣觀看者自然就會點下「讚」，隨著按讚的次數越多就越覺得滿足。享受昂貴或美味的食物時也不要露骨的表現出來，使用「soso」以一副沒什麼的態度裝飾，搭配自己付出心血拍攝的照片，這樣觀看者就會自己看圖說故事。現代人把口味擺在第二順位，餐廳的食物適合拍照就會受歡迎的趨勢反映了這樣的世態。

反之，自己過不好或沒有炫耀的事情時就不會在社群軟體上寫東西，有誰被公司解雇、升遷失敗、失戀、面試落榜時會在FB或IG上實話實說呢？當然也有人會為了取得安慰而在社交軟體上說出自己的苦衷，但大部分的人若是沒有炫耀的事就會遠離社交軟體。

取笑他人又是怎麼一回事呢？就算只有兩個人聚在一起也會說長道短是人的一種特性，這就是所謂的「閒言閒語」。親近的人聚在一起時，交談內容中大部分都是在指責他人，你和親近的人聚在一起是否曾稱讚他人稱讚到口渴呢？但相信大家都曾在背後批評他人說到口沫橫飛，對上班族來說「上司不就是永遠的下酒菜嗎」？

炫耀自己與批評他人就像這樣屬於一種人類與生俱有的本性，這兩種都是自己的心理排名，換句話說就是提高地位的手段。

想要提升自己心理排名的心態基本上都源自於和他人之間的比較，若是沒有比較的心態，就沒有理由刻意把自己做過的事上傳至多數人都能看見的網路空間。而且也沒有厭惡與指責他人的理由，就是因為有比較的心態，才會想要炫耀與批評他人。

通常自己與他人比較時，比起好的一面，壞的一面往往會更加引人關注，這就是人的本性。比起往下看時對於自己擁有的一切感到滿足，往上看時發現自己無法擁有更多時的遺憾心情更強烈。與他人比較時就會更加凸顯自己無法擁有的部分，一個人不管擁有的再多，當看見他人比自己更多時就會覺得不夠，擁有九百九十九個的人看見擁有一千個的人通常都會覺得羨慕。

比較可能會對自己與比較對象都造成傷害，尖酸刻薄的言論與閒言閒語等會讓比較對象出現瑕疵，也會對自己造成名為自卑感的創傷，而且相對性的自卑感會引起焦慮。

試著回想一下本書剛開始提過的感受到焦慮時的狀況吧！在大考或大學考試前，因為認為自己的實力比其他朋友更差時會產生焦慮，這是因為有競爭對象的關係，覺得自己的實力不足時也會感到焦慮，但若是沒有競爭對象，就算自己的實力不足，也沒有理由感到強烈的焦慮。因為感覺到自己落後於競爭對象，以及結果可能會對自己不利，才會衍生出焦慮。

看見朋友或同事表現得比我更好會焦慮，當然也是因為有競爭對象的關係，會因為想購買的物品缺貨而焦慮是因為把某人當作競爭對象，擔心網路購物商品賣光而焦慮的心情也同樣是如此。上班的路上因為交通壅塞而擔心無法在上課前準時抵達，此時的焦慮沒有競爭對象，但講師至少要在開始上課前抵達教室完成準備，因此這是和普遍適當的概念比較；成為失業者後對經濟活動感到焦慮是因為和努力賺錢的人比較，以及和家長職責的概念比較；和心愛的人結婚時會焦慮也是屬於這一類型。

大學畢業後隨著未能就業的時間變長會感到焦慮，是因為和已經就業的人比較的關係，或者也有可能是與社會觀念比較的緣故。普遍來說，一般人都認為大學畢業後就要工作，未能就業的人就是無能，這樣的觀念已經根深蒂固了。因此大學畢業後若是未能就業，自己可能就會被視為無能的人，就是這樣的想法會造成焦慮。

在近來這樣的超連結社會中，比較的對象與時間正逐漸增加當中，透過各種大眾媒體、網路、社群軟體等幾乎可即時接觸到無數人的消息，連結的對象越多，相對地比較的對象也會增加，讓人忌妒或自卑的對象當然也一定會變多。

過去IT或廣播技術並沒有那麼發達，只要對實際見到的人費心思就行了，但現在並非如此。就算不是刻意想知道的人物，以及和我沒有直接關係的人，都會被強迫性的方式知道他們的消息，也就是說要費心思的對象與比較的對象也增加了。當然若是認為對方與我毫不相干且無關緊要就算了，但偏偏人的特性不是這樣，因此，我們生活在一個與他人比較而焦慮的頻率會不斷提升的環境當中。

乍看下比較是因為有比較的對象或比較的概念而存在的，因此可能會把引起焦慮的原因歸咎於外部因素。不過，和他人或是絕對性概念比較的心態是源自內心世界的情感反應，與其說是外部因素，更接近內部因素。換句話說，透過自己的努力充分能夠控制和改善。

未能找到人生本質的原因

幸災樂禍（schadenfreude）

韓國有句俗語是「親戚買地，肚子就痛」，日本也有一句俗語是「別人的不幸是蜂蜜」，這兩句俗語蘊含的基本情感是猜忌與忌妒，也就是羨慕他人過得很好，同時感到厭惡的心態。不只是我們國家和日本而已，從全世界有許多國家都有類似俗語的這一點來看，說不定猜忌與忌妒是人類的基本屬性。不單單人類而已，在全知全能的眾神世界中猜忌與忌妒也是無法避免的情感，希臘羅馬神話中的宙斯妻子希拉的忌妒心非常強，卡麗絲托因為希拉的忌妒而變成熊，後來宙斯讓她變成大熊星座，伊歐變成母牛在世界各個地方飄泊。另外，希拉派巨蟒皮同去追勒托直到世界盡頭為止，她還引誘底比斯的公主塞墨勒去哀求宙斯現出真面目，讓她被強大的光燒死。

《生態與環境前線》（*Frontiers in Ecology and Environment*）期刊發表的研究中公布了忌妒與沒有忌妒時的腦部動態，凱倫・貝爾斯（Karen Bales）博士利用兩隻蜘蛛猴進行了引誘忌妒的實驗，她把母猴子放在陌生公猴的身旁，藉此引誘公猴的忌妒心；為了進行對照比較，她同時還把陌生母猴子放在公猴旁邊。進行這項實驗的期間她使用MRI觀察了腦部，她發現公猴忌妒時邊緣系統的前扣帶迴皮質會變活躍，這個部位是不安時會變活躍的領域，身體上感到痛苦時也是一樣。

以人類的情況來說時，當人類感受到社會受苦時，此一領域的活動就會變頻繁。

另外，公猴在忌妒時睪固酮與皮質醇也增加了。這一類的荷爾蒙增加就代表忌妒造成了苦痛與壓力，以及感受到想要壓迫忌妒對象的欲望。

令人訝異的是，此一研究把人當作實驗對象時也是一樣的結果。日本放射線醫學綜合研究所博士高橋英彥以十九名男、女性成人為對象進行了實驗，他要求參加者想像同學在社會上成功獲得財富與名譽的景象，然後使用MRI拍攝了腦部的活動狀況。後來他發現邊緣系統外側的前扣帶迴皮質活動得相當熱絡，想像以前的同學成功時此一部位會頻繁活動，這也代表是感受到苦痛的意思。

相反地，他要求同一時間的參加者去想像那個成功的同學因為意外受重傷、事業失敗、配偶外遇等不幸的景象，結果這次前扣帶迴皮質停止活動，換成伏隔核（nucleus accumbens）開始活動了。伏隔核位於形成快感的獎賞路徑的領域，在前面的實驗中顯示，前扣帶迴皮質活動越熱絡的人，伏隔核的活動同樣也會很熱絡。

這就代表會因為其他人過得好而產生強烈猜忌或忌妒心的人，當別人遭遇不幸時這一類的人也會產生強烈的快感。

像這樣表面上祝賀他人的成功且表示開心，但內心卻承受忌妒與猜忌心所苦的情況相當多，因為別人的不幸而開心的情感就稱為幸災樂禍（schadenfreude）。

從這項實驗的結果來看時，猜忌與忌妒似乎是人類無法避免的基本情感。

獎勵中毒

一九五三年詹姆斯・奧茲（James Olds）與密爾納（Peter Milner）以調整睡眠與覺醒週期

的中腦網狀活化系統為標的，在老鼠的腦部植入電極，當老鼠按下槓桿時會對腦部施加電力刺激，不過電極脫離目標位置，流向了一個名為「中隔」（septum）的部位，這項實驗成為了腦科學歷史上開拓新道路的一大線索，植入電極的老鼠偶然按下槓桿後便開始反覆地按它，牠完全忘記吃喝，在一個小時內按下了七千多次槓桿，直到筋疲力盡時才終於停止動作。

比起水或食物，老鼠們更喜歡刺激快感迴路的事情，公老鼠忽視發情期的母老鼠去按槓桿，有些老鼠放棄其他活動，一個小時內按下兩千次，連續二十四小時都在刺激腦部。對這些老鼠來說，進食、睡覺與繁殖行為都遠遠不如按槓桿來得更愉快，甚至也有老鼠為了按槓桿而完全不進食、喝水，結果就這樣死去了。老鼠按下槓桿給予刺激的部位是被稱為快感中樞（酬賞中樞）的部位。

當我們達成某個目標時，讓老鼠們無法自拔的酬賞中樞就會啟動，並且分泌讓我們感到快樂的多巴胺，這一類的刺激比其他刺激更能強烈感受到快樂，所以才會想要重複相同的行為，單單憑一次的行動無法滿足，就會想要透過相同的行為再次感受快感，這就是「上癮」。當多巴胺的分泌增加時，腦部也會提升多巴胺受體（Dopamine receptor）接收增加的多巴胺。另一方面，受體增加就代表相對地需要有更大量的刺激才行，所以才會一直更加懷念且想要進行相同的行為。喝酒的人隨著時間過去會想喝越多酒、賭博之所以會越來越沉溺、整天手機不離手全都是此一因素造成的，簡單來說就是對上癮產生了抗性。

也就是多巴胺受體在上癮的狀態下增加，在此一狀態下若是刺激少於先前，就會無法依照多巴胺受體增加的量而獲得滿足，受體就會要求更多的多巴胺，因為減少刺激就等於是減少多巴胺，所以才會無法滿足要求，於是就會出現忐忑不安與焦躁等的戒斷症狀。

欲望會造成上癮，知道金錢的味道時就會想要賺更多的錢，就算錢再多也會想要更多的錢，因為賺越多錢越快樂。各位是否見過有人說過「這樣就夠了，不要再賺了」之類的話呢？地位也同樣如此，地位上升時就會想要爬到更高的位子，無論地位有多高，都會產生想要爬更高的想法，因為只要爬得越高快感就越強烈，相對地壓力也會變低，所以才會無法輕易擺脫上癮的枷鎖。

問題就在於個人的能力有限，沒有人天生就具備無限的能力，無論是金錢、時間、賺錢的能力任何事通常都會有極限，不過欲望會讓我們突破個人的極限，它會讓我們只想到多巴胺帶來的快樂而已，因為一直忽視自己的極限，久而久之當然就會執行制動作用。當身陷想要擁有更多、想要站上更高的地位，但自己的力量卻無法承擔的情況時，就會因為擔心失去一切而不安與焦躁。

有研究指出欲望多的人其小腦的活動會比大腦更加頻繁，德國教授馬克思・奧提（Max Otte）讓實驗參加者回答多項金融投資的相關問題，同時使用MRI觀察參加者這段期間的腦部狀態。問題內容是「要現在領取一百美金呢？還是四個月後領一百一十美金呢？」。在這項實驗中選擇當場領取一百美金的參加者因為是想要立即的獎勵，因此小腦展現了高水準的活動，小腦在爬蟲類中也是很久以前就發現的腦的一部分，包含掌管基本的本能。

反之，回答四個月後領一百一十美金時，運用於意識思考的大腦活動程度相當高，追求當下滿足的人其小腦的反應高，但懂得忍住當下欲望的人則是大腦的額葉反應較高。

這項實驗告訴我們欲望其實是接近人類本能的行動，而且欲望似乎也不是能輕易控制的。

確定人生本質的訓練方案

尋找人生本質並不是尋找失去的物品，而是一種創造的行動，當我們感受到欲望、比較、猜忌、忌妒、自卑等的時候若是置之不理，就會被籠罩在那份情感中，人生也會因此而變疲倦。根據一項忌妒的相關研究指出，回答自己忌妒心強的參加者其血清素數值較低，血清素是一種會維持覺醒狀態、讓心情變愉快，以及提升專注力的神經傳導物質。此一數值若是太低就會出現憂鬱症、強迫障礙之類的疾病，意即血清素數值降低就等於是人生的品質降低。

這一類的情感會讓周圍的人逐漸遠離，在社會上也可能會被孤立，與他人締結關係與交流是人類的一大欲望，但若是在社會上遭受孤立，它可能會變成難以承受的煎熬苦痛，人生會因此變成負面與失去意義。丹麥哲學家齊克果（Kierkegaard）說「幸福的九十%來自於人際關係」，社會關係對人生的幸福造成莫大的影響，所以當人類被排擠時，和飢餓時一樣神經網絡會趨向活絡，進而產生威脅與痛苦的反應。

並不是締結大量的正向社會關係，幸福指數就會上升，芝加哥大學教授卡修波（John T.Cacioppo）以兩百二十九名五十歲至六十八歲之間的對象進行了研究，研究顯示孤單者與締結健康社會關係者之間的血壓差了三十之多。另外，社會關係差的人因為中風與心臟病而死亡的風險可能也會明顯增加。惡劣的社會關係會導致健康狀況變差，最後被欲望、猜忌、忌妒和自卑等的情感影響，他人逐漸遠離自己且被社會孤立可以說等於就是遠離健康與幸福。

因此當那樣的情感滲透我們內心時，我們應該積極否認與擺脫它，這一類的過程只是自己形成的而已，並不是與生俱有的。為了尋找人生的本質，我們應該要認知自己的情感狀態，並且時時努力予以改變。

追求內心深層的地位

無法對自己擁有的事物滿足的原因就是金錢和名譽，因為想要擁有更多的金錢和更多的名譽，無法滿足於現況，會不斷地與他人比較與折磨自己。不過，金錢無法讓人幸福，若是沒有錢就無法做想做的事，也無法擁有想擁有的，也無法去想去的地方，因此相當不方便。話雖如此這並不是不幸，錢多並不代表就會一直幸福，沒錢也不代表就是不幸。

據說收入對人生幸福造成的影響頂多一至五％左右，根據學者的研究指出，越是強調金錢重要性的文學，能感受到幸福的程度越低。

一九七八年社會心理學家布利克曼（Philip Brickman）為了了解中樂透是否能讓人幸福而進行了一項調查，他追蹤居住在伊利諾州曾中五萬美金至一百萬美金樂透的二十二名居民，並且請他們進行評估整體幸福感與日常生活中獲得之幸福感的問卷，結果顯示中樂透的人並沒有比一般人更加幸福，日常生活中的幸福感反而比一般人更低。

心理學家布利克曼後來去找因為意外而不幸殘廢的人，同時進行了相同的問卷調查，遭遇過意外的人表示自己的未來幸福和一般人並沒有太大的差異，日常生活中的幸福感也和其他人差不多。透過此一研究，布利克曼表示當我們完成某個目標時雖然會感到滿足，但那份滿足感無法持續太久，而且會被新的冷漠與新階段的努力取代。而這也代表想要維持相同程度的歡樂，就一定會陷入追求更高程度之獎勵的快樂輪迴當中。意即，金錢會喚醒對於更多財富的欲望。

還有另一項調查結果，在美國一個人年收入若是超過七萬五千美金，在日本若是一年超過八百萬日圓（約二百二十四萬台幣），生活中的幸福指數幾乎不會上升，意思是金錢的有期限效應減少了，就算不被金錢束縛且收入增加了，幸福指數也不會改變。因此，對於金錢的欲望單純只是對自己無法擁有的事物感到渴望而已。

名譽和名為地位感的情感有關聯，人類的腦部把地位感視為和基本生存欲望食衣住一樣重要，就像是動物世界會賭上性命爭奪排名一樣，人類社會對於排名的強烈欲望也是無法忽視的。因為地位越高就能享有越強大的權力、過得更舒適，以及享有愜意的生活。

在一項以猴子為對象的實驗中顯示，地位越高其皮質醇數值就會變低且健康也會變好，相對地壽命也會增加。倫敦大學教授麥可・馬穆（Michael Marmot）說地位感在決定人類壽命的要素中比起教育或是所得程度來得更重要。

自己的地位若是受到威脅，皮質醇就會大量增加，陷入不安與害怕，內心會感受到強烈的情感，以及被悲觀的思考支配。反之，地位感變高時，多巴胺與血清素的分泌會變旺盛，皮質醇的分泌也會明顯變低。因此，對人類來說最強大的獎勵並非金錢，而是地位的上升，就算只是微不足道的地位上升，對腦部來說也是一種獎勵。

人類之所以會追求名譽，是為了提升自己的地位感，考上好的大學、短時間內升遷、和理想的異性結婚、著作發行書籍、進行廣播活動等全都是一種榮耀，以及追求一種地位感。追求名譽更接近是一種人類的本能屬性，因此說不定根本就很難捨棄它。

不過地位感並不一定是由外部因素形成的，如果單單只憑外部因素形成，就無法進入好的大學或是值得誇耀的公司、無法擁有亮眼的職業、只能和一般人不太會多看一眼的異性結婚，但這類型的人並不一定全都是地位感較低，他們當中也有對於自己的人生感到滿足且擁有高度地位感的人。在每個人眼中屬於成功的人、財富龐大到令人羨慕的人，以及深受歡迎的人當中，其實有許多都無法擁有地位感，特別是那些對比自己還弱小的對象作威作福的人就屬於地位感較低的類型。

比起表面上的地位感，內在的地位感可能會更重要，對自己擁有高度的地位感，可以說就和自尊是相同的意思。把自己視為珍貴的存在、有意義的存在，以及有價值的存在比外在地位感來得更加重要，內在地位感提升時，就算不刻意為了獲得高度榮耀而拚死拚活，也能對人生感到滿足。我們不需要每件事和別人一樣，最重要的是忠實於自己的人生。

停留在力量的極限內

貪心者不會考慮自己的力量極限，只會盲目地想要做更多的事、獲得更多的成果，稍微超出能力範圍的事或許只要憑藉努力就能達成，但超出能力範圍太多的事情反而會讓我們在進行過程中停滯不前。

想要遠離焦慮最好一次只專注於一件事，集中精神做一件事的效率遠遠高於同時進行很多件事，但人類的欲望不會讓我們只專注一件事而已，此一結果創造出來的產物之一就是多工作業（Multitasking）。

多工作業是指同時進行很多事情，雖然一般人把多工作業視為能力優秀的象徵，但多工作業是違抗人類腦部特徵的代表性行動之一。

根據神經科學家的研究指出，進行多工作業的期間，人類的意識無法專注於一個課題，會在多個課題中暈頭轉向地不停來回，業務精準度當然也會因此而降低。另外，集中精神或從一項課題快速轉換為另一個課題的注意轉換能力也會變差，處理外部資訊的時間也會變長，認知能力的低落也會造成思考力與判斷力降低。

美國認知學家哈洛德・帕施樂（Harold Pashler）說若是一次同時進行兩種意識思考作用，認知能力就會從能研修哈佛ＭＢＡ課程的水準降低至八歲左右。另外，根據在倫敦大學執行之研究的結果顯示，執行認知課題時，使用多工作業方式的人其ＩＱ會降至和吸食大麻或熬夜時的狀態差不多他們的ＩＱ平均降低了十五，結果退化到八歲左右的智商。

貪心反而會造成效率遠遠不如專注於一件事的時候，效率若是變差，無論手上有多少事情，都無法獲得期待中的結果。如此一來當然就會對結果感到焦慮，不貪心且量力而為才是能遠離焦慮的捷徑。

況且若是過度貪心造成結果不如預期時，它可能就會引起壓力反應，當壓力軸活動時就會分泌皮質醇或腎上腺素，進而讓我們的情感呈現負面的狀態。負面情感會成為引起焦慮之催化劑的事實前面也多次提過了，因此我們不該過度貪心把目標設定太高。最好先掌握自己的水準與力量，然後目標設定在全力以赴時能辛苦達成的程度。

✦ 捨棄比較與自卑

比較是人類天生的本性，如果能抽離人生中與他人比較的部分，人生就會一直都像是不會出現颱風的海洋一樣寂靜與和平。不會因為與他人比較而感到忌妒或自尊受創，而且也不會感到自卑，另外也不會汲汲於想要炫耀自己，更不會為了貶低他人而發生指責的情況。只要維持現狀與自己原本面貌生存就綽綽有餘了。

不過如果少了比較，說不定人類的文明也就不會有進步，滿足於原本的狀態，就算經過一千年、一萬年也會保持原本的狀態。或許就是因為有比較，才會努力想要變成比周圍的人更好，腦部也因此而趨向發達，人類才能發展成現今的文明。雖然難以判斷現今的文明是正向還是負向，但人類的生活不斷地變得更加便利是不爭的事實，說不定比較其實是和同時具備優點與缺點的「雅努斯」（Janus）一樣的存在。

由於比較幾近人類天生的本能，要完全捨棄比較的心態並不容易，教人捨棄比較就和命令青春期的孩子們不准關注異性沒有兩樣，因此，說不定人類可以變得更幸福，但卻把自己逼上不幸之路。

之所以會說比較不好，是因為每當我們與他人比較時，就會在內心留下傷痛。我認識一名講師，儘管那個人每年都有不少的課，但他還是一直宣傳說自己的課比其他人更少。從統計上來看時，他的上課時數明明遠遠高於其他講師，但他卻三不五時抱怨說自己的課很少，當然他的抱怨還包含了對於其他講師毫無根據的誹謗。

捨棄抱怨就能擁有幸福的人生，與他人的比較不僅會讓自己變不幸，當然也會造成他人的不悅。

常見的比較主要有「比我更傑出的人」與「我」、「對方擁有的」與「我未能擁有的」、或是「對方的優點」與「我的缺點」等，幾乎沒有人會比較「比我還差的人」與「我」、「我擁有很多的部分」與「對方未能擁有的」、「我的優點」與「對方的缺點」。澳洲精神科醫生諾曼·費瑟（Norman Feather）創造了「高大罌粟花綜合症」（Tall Poppy Syndrome）此一用語，「高大罌粟花」是指成為忌妒對象的人，此一症候群就像園丁在修飾庭園時清除高大罌粟花一樣，集體貶低或批評才能或成就出眾之對象。

如果把比我傑出的人、擁有更多的人、具備出眾優點的人拿來和我比較，通常都會讓自己顯得太悽慘或看起來不起眼，它會創造出忌妒與自卑，忌妒與自卑則會破壞我們的精神世界。

看見傑出的人、賺很多錢的人、升遷快的人就會和他們比較，同時產生想要追上他們的欲望，而這就稱為競爭意識。需要競爭意識時，如果能健全地發展，就能發揮出超越極限的能力且奮發向上。但偶爾也會對不必要的對象產生不必要的競爭意識，當認為自己贏不了對方時，就會產生壓力或放棄，甚至可能會感到自卑。抱持敵意且盲目地想贏過對方的意識會成為引起焦慮的原因，因此只要能保持不想和他人比較的心態，就能大幅度降低焦慮。

問題就在於比較是一項接近人類本能的特性，就像是我們明明知道香菸有礙健康，卻依然難以戒菸。美國第二十六任總統羅斯福曾說：「比較是會剝奪人生歡樂的小偷。」比較會造成自卑，自卑會讓與他人之間的比較變成習慣，並且啃食我們的精神健康。產生優越感的根源也同樣如此，因為那是透過與他人比較獲得的情感，我們的人生並不會因為優越感而變滿足。因為倘若一個人會透過與他人的比較而產生優越感，相對地也會因為與他人的比較產生自卑的心態。

正向心理學家阿德勒說會影響內心的兩項主要因素是自卑與優越感，自卑是自己的能力或特性與他人比較後顯得不足時的感受，當它在內心根深蒂固時就會形成被害意識，不僅容易受到傷害且會感到不安；優越感則會因為對自卑的反抗，讓人反而虛張聲勢擺架子，這是一種認為自己具備優於他人的卓越特性或能力的自我為中心的思考。具備優越感就會形成強烈的傲慢、虛張聲勢與特權意識等，對周圍的人採取強勢的態度造成傷害，或者因此而讓自己受傷。自卑與優越感就像是硬幣的正反面一樣，自卑的那一面翻過來後是優越感，優越感的那一面翻過來後就是自卑。說穿了自卑與優越感是就算想要拆散也無法拆散的情感，若是想要擺脫比較或自卑，需要具備和下面一樣的心態。

❶ 他人也可能因為我而產生自卑

我認識一位財產超過一百億韓幣（約二億五千萬台幣）的富豪，因為他的財富龐大到讓人難以把他視為平凡人看待，我一直都很羨慕他，甚至產生了忌妒的念頭。就這樣有一天，我看見他報名了根本就不需要的最高管理者課程，經過我詢問後才知道，比起讀書進修，他更需要的是完成最高管理者課程的頭銜。畢竟他有的是錢，他想用錢買下那個頭銜，同時也想和在那邊的人形成人際網路。後來發現，原來我忌妒的對象私底下很羨慕我所擁有的學歷與人脈。

人都會對自己無法擁有的事物感到羨慕與忌妒，或許擁有者不會這麼認為，但人的欲望往往都是無止境的。擁有者通常都會和擁有更多的人比較，並且產生羨慕與忌妒的心理，因此，我羨慕的人說不定會因為另一件事而羨慕我。話雖如此也不需要刻意透過與他人的比較，因為自己未能擁有的事物而自卑，畢竟我們應該也會擁有那個人所沒有的某個東西。

當因為某人感到忌妒與自卑時，試著再次回想自己擁有的強項或優點吧！這和前面談過的尋找優缺點是一樣的概念，只要慢慢檢視自己應該就會發現比那個人更優秀的一面。最好能認為對方會羨慕我的優點與強項，目標不一定要是物質上的物品，年輕、健康、個性、親和力、幽默感、人情味等都能成為優點與強項，一定要銘記在心！那樣內心就能變平靜，這是管理比較心態的第一個方法。

❷ 比較

第二個方法和管理短暫焦慮是一樣的，屬於一種認知行動的治療，就是承認比較的負面成分高於正向成分的事實。人類大部分都是透過比較才會造成內心受創的，幾乎沒有人會去和情況比自己更糟的人比較獲得心靈上的慰藉，這是因為通常人都是往上看而已。爬山時在上坡無法觀賞腳下的美麗景色，但下山時就能一眼望盡美麗的景色，這是因為下山時比上山時稍微輕鬆一點。像這樣一直看著上方前進，人生可能就會變得相當煎熬，因此我們應該要認清此一事實。

如果和站在上方的人比較，人生可能就會變得很辛苦，最好能明白自己可能會因此而受創，並且停止比較的行為。假設現在我努力工作一個月就能賺五百萬韓幣（約十二萬五千台幣），只要平常省著花，一個月的生活費就不虞匱乏，隨著開銷不同，也能存一點錢，這樣的生活就已經讓人很滿足了。

不過當看見站在高處的人後就另當別論了，當看見有人開名車、帶著名牌背包、穿昂貴的服裝，以及出國旅行享受時，原本感到滿足的五百萬薪水可能會瞬間變得微不足道不值得一提。瞬間我也陷入不幸的深淵，明明這段期間都過得很幸福，往後也有足以過著幸福生活的條件，卻因為比較心態而把自己逼上煎熬之路。

比較大部分都會帶來負面的結果，相信也有人會透過健康的比較引導人生走向正面積極與發展的道路，但通常我們都是把站在高階的人視為比較對象，最後可能就會變成傷害。若是不想讓自己的內心受創，當然就該避免和他人比較，只要了解比較會帶來不好的結果，就能在某種程度上控制想要比較的心態。

❸ 寫感謝日記

但光憑決心是難以輕易擺脫想要比較的心態，因此需要尋找有效率的方法，其中一個方法就是寫感謝日記。就如同稱讚日記有助於我們找回自信一樣，感謝日記則能幫助我們對自己擁有的感到滿足，並且抑制想要與他人比較的心態。

感謝日記是從每天的生活中找出感謝的事情，然後把它寫下來。每個人每天應該都會有值得感謝的事情，就算是認為自己不幸的人，只要認真思考一定會有許多值得感謝的事。沒有生病是值得感謝的事，心愛的人沒有受傷也是感謝的事，一整天能平安度過也是感謝的事，並不是只有快樂或喜悅的事才值得感謝。

感謝日記是一項獲得科學驗證的有效方法，馬汀・塞里格曼以五十名重度憂鬱患者為對象讓他們寫感謝日記，他們的憂鬱症分數平均是三十四分，屬於極度憂鬱的階段。幾乎是好不容易離開床走到電腦前坐一下後，又會再次回到床上的程度。

他讓實驗對象連續一個星期每天都寫三項感謝的事情與感謝的理由，後來那些人的憂鬱症分數從三十四分降至十七分，從極度憂鬱的症狀變成輕微的程度。

相反地，幸福感指數從十五分上升五十分，五十個人當中有四十七個人在寫感謝日記後憂鬱的程度降緩了，而且變得更幸福。進行此一研究的塞里格曼說：「過去四十年間雖然使用了心理治療與藥物治療憂鬱症，但還是第一次見到這樣的結果。強化感謝記憶的活動一直到往後六個月都持續地增進幸福感，並且降低了挫折的徵兆。」

加州大學洛杉磯校區的正念認知研究中心指出，若是真心表達感謝之意，腦部的分子結構就會改變，形成神經細胞的灰質（gray matter）的功能也會維持健康的狀態，也會變得更幸福。這所大學的研究員讓參加者體驗了多種不同的情感，同時還使用MRI觀測了腦部的活動。

結果發現，感謝之心能讓腦部的多個部位同步化，同時讓獎賞路徑（reward pathway）與下視丘趨向活絡。下視丘的活絡可視為是荷爾蒙會旺盛分泌，進而維持身體的健康。感謝就和治療憂鬱症有效果的治療劑百憂解（Prozac）一樣，它會提升血清素和多巴胺的分泌，具備讓腦幹趨向活絡的效果，而且能明顯降低不安與焦躁等負面的情感。

二〇〇九年國家衛生院的研究員發現，每件事都擅於表達感謝之意的人其下視丘的活動更加頻繁，這是因為下視丘對控制攝取食物、睡眠、新陳代謝、壓力管理等人體所有的活動都會造成莫大的影響。下視丘功能發達的人其運動能力高於一般人，睡眠、憂鬱症、痛症等所有領域全都是維持在良好的狀態。

除此之外，感謝還具備各式各樣的效果。根據喬恩．戈登（Jon Gordon）等人的研究指出，感謝有助於提升家庭與職場上的人際關係，感謝會藉由讓我們感到喜悅和滿足，進而幫助我們維持良好的關係。英國心理學家兼健康專家羅伯特．荷頓（Robert Holden）以成人專家為對象進行了感謝的相關問卷調查，結果顯示平時經常表達感謝之心的工作者更具效率、生產性與責任心。在職場上表達感謝能讓人際關係變和睦，提升親密感與彼此之間的情誼。

在職場上經常表示感謝的職員會執行更多的課題，為了完成課題會盡責且以組員身分幸福工作的可能性較高。另外，表達感謝的管理者會積極與組員溝通，與他人之間會形成共鳴與公正心，以及互相珍視對方。換句話說，平常秉持感恩之心的人無論是工作上或是生活上都會形成正向的效果。

令人訝異的是，我同樣也是親自體驗過感謝日記效果的人，離職後經濟上遇到困難時，我偶然知道了感謝日記的事情，於是那一天便立刻開始寫感謝日記。我每天都找出五件值得感謝的事情寫在日記上，後來發生非常驚人的事情，我才剛寫感謝日記沒有幾天，就開始收到授課的委託。《高句麗股份公司》列入文化觀光部主辦的世宗圖書，於是要進行再刷，新的原稿也簽約準備要出版了。雖然不清楚這一類的事情是因為寫感謝日記的關係呢？還是恰巧發生在此一時期。但是寫感謝日記一定會讓我們以正向的態度面對人生，並且讓我們感到幸福。

因為與某人的比較而鬱悶時，感謝日記可以讓我對未能擁有的埋怨心態轉換成滿足現狀的感恩之心。寫感謝日記的訣竅很簡單，在一天即將結束前回顧一整天的情況，尋找值得感謝的事情且寫下內容與理由，內容不需要太冗長，只要包含感謝的內容與理由就行了。舉例來說「能夠沒有任何病痛度過一整天，真是太感謝了」之類的，下面是我的感謝日記的例子。

〈感謝日記例①〉

可以準時且順利完成課程準備，真是太感謝了。

〈感謝日記例②〉

今天擔任義警的兒子回來了，儘管只是暫時外出，但能看見他回來真是太感謝了。

〈感謝日記例③〉

和家人一起享用了美味的晚餐，真是太感謝了。

老子說：「知足不辱，知止不殆。」（解釋：懂得滿足就不會受到屈辱；懂得適可而止，

就不會遇見危險；這樣才可以保持住長久的平安）

只要滿足自己所擁有的且心懷感激，就不會猜忌或忌妒，並且依照自己的步調長久持續。

感謝日記不需要刻意讓別人看，因此不需要有任何負擔，就算內容少也會重視它，也能治癒因為與他人的比較而受創的內心。

❹ 減少社交軟體的使用次數

消除習慣性比較的第四個方法是減少使用社群軟體的時間，就如同前面提過的一樣，電腦、通訊、網路等的技術進步把整個世界都壓縮在一起了，接收到莫名消息的機會也大幅度提升了。這一類的事如果能忽視倒是無所謂，但現代人的生活習慣已經讓我們無法對它視而不見了，這一類的生活習慣會讓我們不自覺就去比較，然後從中衍生出競爭意識與自卑感。

最好盡可能遠離社群軟體，上傳至FB、IG、Twitter等的內容大部分都是炫耀文，在很棒的地方渡假、讓人口水直流的食物、和好友共享的愉快時光、名牌包或衣服、業務成果等的炫耀文氾濫整個社群軟體，實際上微不足道的人在社群軟體上自我膨脹得非常厲害的可能性也很高，看見這一類的內容後就有可能認為自己很悲慘。特別是社群軟體上認識的人都是與自己有直接或間接關係的人，因此感到猜忌或忌妒的情況相當多，我們必須從來源開始封鎖這一類的機會。

或許會有人反問說現在這個時代要如何遠離社群軟體生活呢？但就算沒有社群軟體，我們依舊能好好享受人生。不需要看見別人的炫耀文而氣憤或羨慕，韓國有一句話是「寺厭僧去」，若是不想因為別人的炫耀而受創，只要遠離那空間就行了。如果已經習慣社群軟體了，想必要遠離它應該很困難吧，但還是需要試著練習慢慢遠離。

前面我們談過了比較與擺脫比較造成之自卑的方法，若是因為與他人比較而產生忌妒心或自卑感，最好能試著回想一下莊子說過的話。《莊子：人間世篇》曾提到「無用之用」，意思是「無用東西的有用之處」。下面是虛構莊子的朋友惠子與當時知名的匠石交談的內容。

惠子：我曾向朋友莊子說出這樣比喻且表達不滿，我們家有一棵大樹，但樹身已經腐爛凹陷且木瘤盤結，不合乎繩墨規矩，小樹枝也凹凸扭曲，木匠根本就連瞧都不瞧一眼。

匠石：那他怎麼回答呢？

惠子：莊子回答我說「現在你有一棵這樣大的樹卻嫌它沒用，這樹雖然沒有其它的用處，自然也不會有人來砍伐，而且它又不會妨害別人，自然你也不必操心了」。你聽過這麼一番話嗎？

匠石：我曾在前往齊國的路上見過一棵樗櫟樹，不過用來做船會下沉；用來做棺材很快就會爛掉；用來做器具又不夠堅固；無法當作木材使用，總之是一棵沒用的樹。

匠石：你是木匠，因此應該比任何人都還清楚樹木的用途。

惠子：不過那天晚上那棵樹出現在我夢中，並且跟我說：「水果樹的果實成熟時就會被搶走，大樹枝則會遭受被折斷的苦難，世俗的人不就是這樣咎由自取的嗎？因此長久以來我一直都很努力消滅自己有用的地方，雖然幾次差一點喪命，但現在我還保存著性命，這對我來說是一大用途。」聽完那番話我感到很愧疚，那番話大概就和樹木說的是一樣的道理吧。

惠子：無用東西的有用之處？對了，《人間世》曾提到「大家都知道有用之物的用途，卻不清楚無用之物的有用之處」，看來回去後我得重新再看一次那棵大樹。

匠石：「無用之物的有用之處」也能套用在人身上嗎？

有一句話是「結瘤樹木守護後山」，樹木如果外觀筆直延伸，看起來雖然很漂亮，但那一類的樹木總有一天會被當作蓋屋子的木材使用。

或是被砍下當作造船的材料。結瘤彎曲的樹木無法當作蓋房子的木材使用，也無法當作造船的材料，一直到老去都會待在原地形成森林保護山。

與其一味地和他人比較產生自卑，希望各位讀者能透過這則故事思考一下自己具備何種「用途」。

| 第8章 |

明確決定
該做的事情的順序

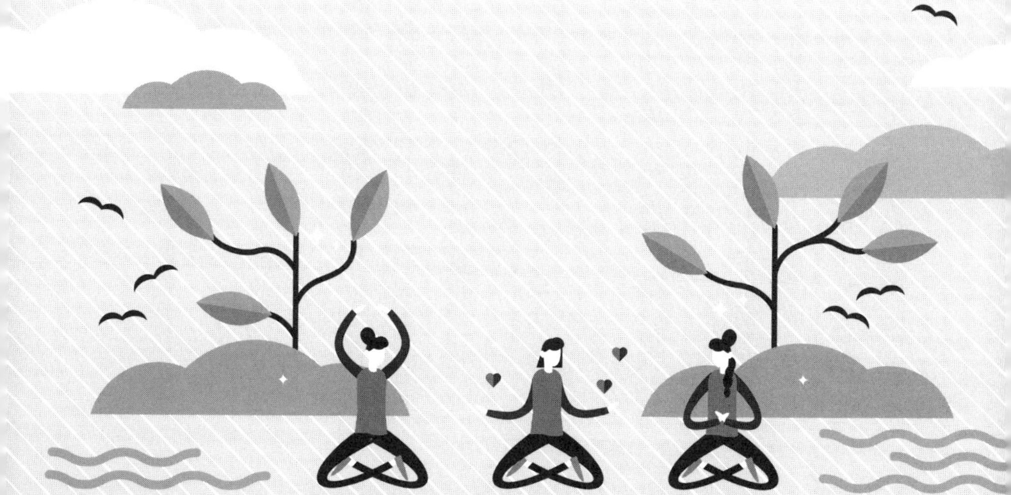

人類與動物最大的不同就是能進行理性與有邏輯的思考，不會只是一昧地依照情感做出本能的行動；懂得依照情況的需要壓抑與適當地調整，這就是人類的特性。

這全都是因為額葉發達的緣故，當中的前額葉扮演讓人類更像人類的作用，前額葉的發達程度不同，身為人類的存在價值也會不一樣。

前額葉是腦部的CEO，負責計畫需要的事情與預測它所會帶來的結果，以及決定優先順序讓事情能順利執行。藉由找出該做的事情，以及預測不執行時會發生的問題，避免未來遭遇到困難。換句話說，藉由適當地分配時間與費用等的資源讓工作組織化，避開預測的障礙因素完成目標，這一切全都是由前額葉掌管。

前額葉越發達的人，就能降低人生失敗的可能性，並且提升成功的可能性。

若是想要讓人生遠離焦慮，就該懂得妥善運用前額葉。

在本章中會解說可將前額葉發揮至淋漓盡致獲得想要之結果的方案，由於此一部分屬於較專業的內容，若是覺得困難，就算跳過也無妨。

執行力不足的人當中有多數都搞不清楚自己該做的事情，就算知道也無法決定事情的優先順序，因此總是會出現驚慌失措的情況。出乎意料之外的是，許多人在自己所面臨的情況當中都處於不知所措的狀態，再加上決定順序後，循序漸進執行的力量也不足。若是不清楚該做的事與先後順序，腦海中浮現的當然就只有走一步算一步，如此一來很可能就會無法優先處理重要的事，不僅會被時間追趕，也會因為結果而焦躁與不安。

人生在世都會面臨大大小小的問題，這裡所說的問題是指有想要達成的目標，不過目前無法達到那個水準，因此形成了差異。目標與現在之間若是沒有差異，那就不算是問題。

如果有問題，就該尋找解決問題的方案。人際關係差總是橫衝直撞的人必須尋找與他人穩定交流的方法；想要擺脫經濟困難的人必須尋找穩定賺錢的方法；想要提高自身品牌價值的人則必須尋找向大眾宣傳自己的方法。

解決目標與現狀之間的差異的方案就稱為課題，它也有可能會因人而異，就算是面臨相同的情況，為了脫離那個情況每個人採取的行動都不一樣。依照自己的力量、金錢、時間、可使用的人脈等的資源、問題的嚴重性，以及周圍環境或條件所採取的行動也會依照個人的情況而不同。

況且要面對的課題可能不是只有一個而已，而是好幾個。想要創造穩定的收入可以打工、創業或者是再度就業。若是能力夠的話，可以當自由工作者當諮詢、翻譯或是演講。想樣升遷的話，可以展現加班到很晚且努力工作的一面，也可以不斷地向上司拍馬屁，若是想讓實力獲得認同，也可以嘗試別人沒有挑戰的課題。

貪心的人會想要全部都嘗試，不過通常人的才能、力量或資源都是有一定程度上的限制。解決問題所需要的課題中有相對重要的與不重要的，雖然短期難以期待獲得任何成果，但也有長時間可進行的課題。錯過時機就沒有任何意義，有些課題比較迫切，但有些則不需要急。

考慮到這一些因素，我們有必要決定優先順序，我們應該嚴格計較迫切性、重要程度、擴散效應的程度，以及利益多寡，然後從較迫切、重要、擴散效益較高的部分依序進行，唯有這樣才能從才能、力量與資源的極限中把浪費降至最低程度，並且有效地解決問題。

倘若沒有決定課題之間的順序，對重要問題的專注度就會相對地較低，或者漫無目的三心二意來回於各項課題。

很遺憾的是，有許多問題都無法定型，幾乎沒有可以和算術一樣使用公式就能解決的問題，大部分都是必須依照個人的主觀與判斷解決的問題。也因為這樣，有些人無法明確找出解決問題所需要執行的課題，或是無法決定順序，主要是經驗不足者會有這一類的傾向，但終究還是會因人而異。

我還在公司上班時會進行分析環境與找出課題，然後決定順序執行戰略企畫的業務，對我來說這些事就像是家常便飯一樣。而且我在職場上也有獲得不錯的成果，但我自己的問題卻無法採用那種有系統的方法。由於我是突然離職的，因此需要尋找能創造出穩定收入的方法，不過畢竟我二十五年間都在職場這個保護傘下生活，我在這方面的能力可以說是糟透了。我完全搞不清楚方向，也不清楚該先做什麼，一切都讓我感到茫然與害怕。

若是像這樣無法明確找出解決問題的課題與決定優先順序，當然就無法以有效率或具生產性的方式運用自己的才能、力量與資源，無法妥善運用時間，更別奢望能夠創造出滿意的成果。隨著時間過去內心會顯得更焦躁，不會循序漸進一一解決問題，而是採取走一步算一步的盲目方式，這樣的方式只會讓事情越來越複雜。當事情變得更複雜時，焦慮就會變強烈，行事也會變急躁，最後演變成草草了事或是往錯誤的方向解決問題，如此一來就無法從根本層面解決問題。

所以假設無法具體設定可以解決問題的課題，並且決定順序秉持意志執行的話，隨著時間過去可能就會開始焦慮。

明確定義問題

無法具體設定課題與決定優先順序的問題可分為三種，首先是不清楚解決問題需要做些什麼事情，第二個是無法決定順序走一步算一步，最後一個是執行能力不足，只有想法卻不去執行。由於前面已經談過執行力的部分了，因此在本章節就省略，本章就只針對第一項與第二項問題來進行探討。

解決問題時最先該考慮的就是對於問題的定義是否正確，若是設定錯誤就不算是解決問題，而是徹底搞錯方向。根本就和明明是自己的腳在癢，卻幫別人的腳搔癢，同時還期待會很舒服的行為沒兩樣。當兵回來的男性應該輕易就能理解，偶爾在射擊場有人會射中別人的靶子，當射擊結束後檢查靶子時才發現，自己的靶子出奇的乾淨，隔壁的靶子則異常地留下許多痕跡。當問題定義錯誤時才會發生這一類的結果。

假設某個村莊入口的僻靜之處有一塊小土地，這個地方長久以來都被閒置，看起來就像是毫無任何用處一樣。因為是僻靜之處，一到夜晚就會呈現黑漆漆與陰森的氣氛。有一天，某人把壞掉的椅子丟棄在那邊，幾天後有另一個人把壞掉的書櫃帶去那邊扔棄，過了幾天出現了書桌、櫃子、舊電視、舊冰箱和舊洗衣機。隨著時間過去，那塊地堆滿了廢棄物，後來甚至出現了散發惡臭味的廚餘。就這樣一年後，那個地方變成充滿惡臭和蟲子且任何人都不敢靠近的遺棄之地。

這種情況下你會如何定義此一問題呢？假設大家都違背良心與違法扔棄大量的垃圾，解決問題的課題就必須把焦點著重在那個部分。設置監視器追蹤扔棄垃圾的人、懲處高額罰金造成對方的損失，或是公開扔棄垃圾者的名單讓對方顏面掃地，防止對方再做出相同的行為。

相反地，如果問題不在於扔棄垃圾，引誘人扔棄垃圾的環境才是問題的話，那就另當別論了。假設是陰暗、僻靜，以及一般人不會注意的土地讓原本根本沒有那種念頭的人也情不自禁扔棄垃圾，與其說是良心的問題，更偏向是環境的問題。這種情況下需要清除所有的垃圾，在那塊地種植花田或設置明亮的照明設施，讓它變成無法扔棄垃圾的環境。

問題的定義就像這樣會改變解決問題的連結方法，被心愛的對象拒絕而感到焦慮時，就該清楚釐清是我的問題還是對方的問題；因為沒能比同事更早升遷而焦慮時，就該弄清楚是能力的問題、人際關係的問題，或是處世之道的問題；考試成績太差而焦慮時，應該先清楚知道是讀書方法的問題、意志的問題，或者是自信的問題。

問題定義錯誤的話，隨著時間過去，實際問題與解決課題之間就會出現隔閡，最後會執行與解決問題完全不相干的方法。舉例來說，某個人想要擺脫無業遊民的身分，但卻認為方法是應該改善企業的雇用系統。這並不是準備就業的人能辦到的事情，因此當務之急就是搞清楚自己該先解決的問題。

找出解決問題的課題

正確定義問題後，下一個階段就是解決問題的課題，也就是要找出該做的事。

在此一階段需要一些邏輯性的思考，首先，找出解決問題之課題時常用的工具之一就是「邏輯樹」（Logic Tree）。此一詞彙是意思為邏輯的「Logic」與意思為樹「Tree」結合的用語，是有系統彙整思考，將其具體化的一項邏輯工具。當發生問題時深入原因或讓解決方法具體化時，它是對從有限的時間內追求思考的幅度與深度有幫助的技術。是把問題的原因或解決方法以邏輯的方式分解為樹狀彙整的方法，在此只會著重於解決方法進行說明。

邏輯樹的概念相當簡單，當發生問題時，試著找出能解決問題的所有課題，這就是第一輪的解決方案，把第一輪的解決方案又再次詳細分解後，導出的課題就是第二輪的解決方案，第二輪的解決方案同樣也可能很龐大，因此要再次分解為詳細的課題，而這些導出的課題就是第三輪的解決方案。從問題到第三輪解決方案為止，像這樣反覆地分析所有的課題就能找出解決問題應該執行的一切課題。邏輯樹的優點是培養想法的幅度與深度，一般來說當面臨問題時，人類會依照腦袋中浮現的畫面想出創意，不過想法的幅度或深度卻可能會不夠充裕。

舉例來說，假設最近身體異常地不舒服，一般來說只要針對此一問題思考原因，可能只會想到是因為過度逞強導致身體能量枯竭。但是當把身體不舒服分成肉體層面與精神層面後，各自再分得更詳細一點的話，就能想到未能發現的原因。舉例來說，像是因為與上司或周圍同事的人際關係造成極度嚴重的壓力，或是因為過度業務造成倦怠症（Burnout Syndrome）之類的，就算讓自己放假一天休息也不會造成問題，如果加上精神科的治療，就需要採取長期性的措施。由於運用邏輯樹可以培養想法的幅度與深度，我們也能以更具結構與體系的方式找出解決問題所需要的措施事項。

一直談到筆者過去的遭遇真的很抱歉，但這張圖是把我突然離職後在經濟上面臨困難時採取之方案畫成邏輯樹的型態，雖然那是一段不堪回首與羞愧的記憶，但我之所以會把這當作例

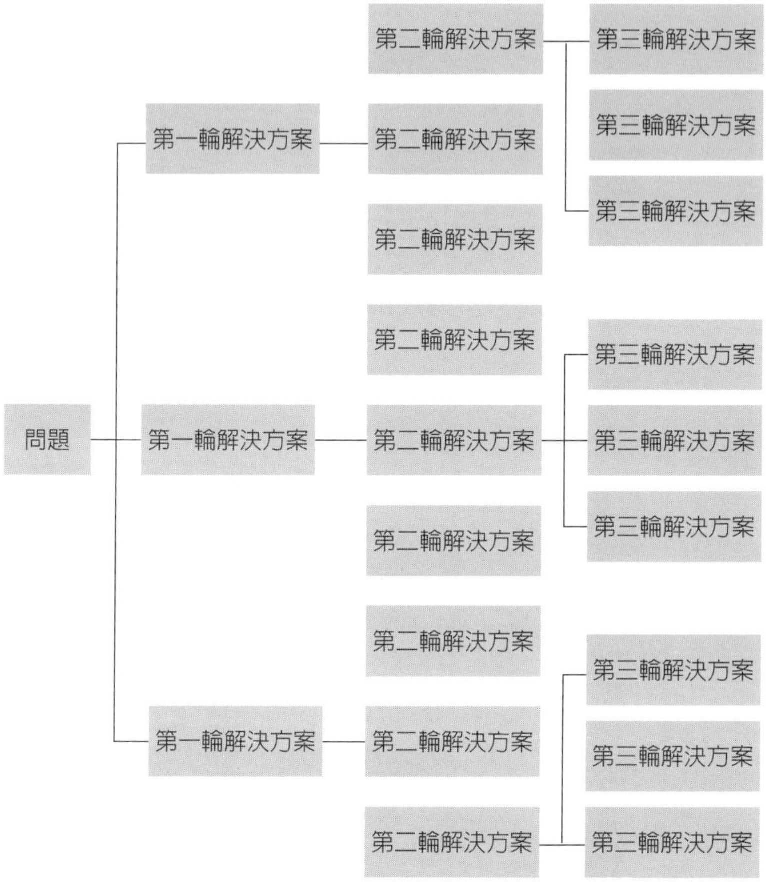

導出解決問題所需之課題的邏輯樹

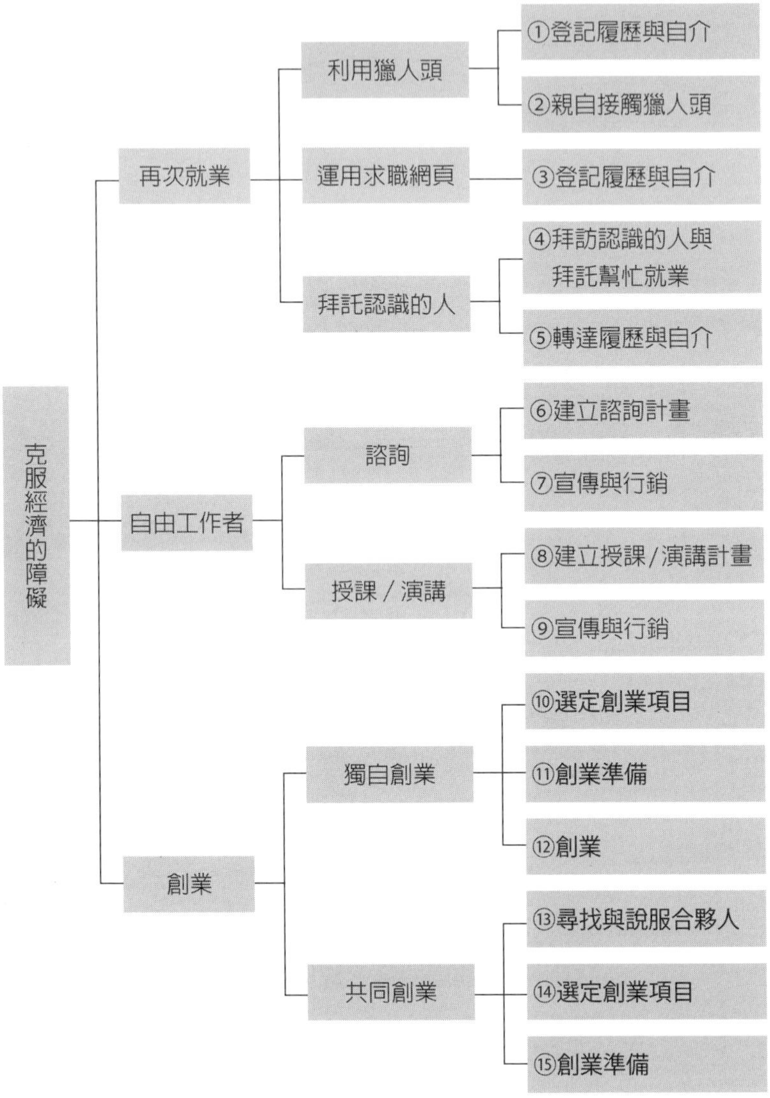

解決經濟問題所需要的方案

子，是因為陷入焦慮的人當中有相當多都是處於類似的情況。

解決方案並不一定都要進行到第三階段，有第二階段就結束的解決方案，也有超過第三階段，甚至細分到第四、第五階段的方案。一般來說最好是第三階段以上且不要超過第五階段，若是太深入的話，可能會變成過度細分化的解決方案。而且解決方案是解決問題不可或缺的部分，必須是具體到能立即行動的方案。

決定事情的先後順序

在找出課題後就該決定優先順序，個人的時間、金錢或努力等的資源有限，若是想要一口氣同時執行所有的課題，不僅會因為資源的限制而無法正常執行，品質也一定會降低。決定好課題之後，就要決定課題之間的順序，並且依照順序一一執行。

決定課題順序的方法有相當多種，有考慮課題迫切性與重要程度的方法；也有考慮成本效益的方法，只要各自考慮哪一項更重要，然後選擇適當的方法使用就行了。

考慮課題的迫切性與重要程度決定順序的方法如下。

- 賦予所有課題編號，前面例子中的第三階段解決方案編號就是課題的專屬編號。

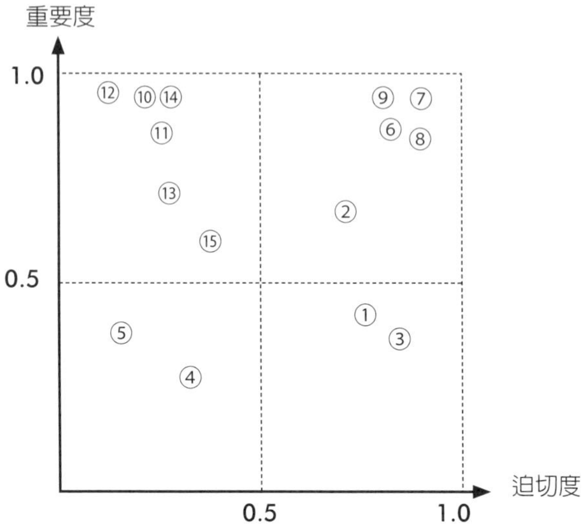

課題優先順序所需要的矩陣分析❶

• 仔細追究所有課題的迫切性與重要程度，迫切度代表是否要快點執行課題，重要度要考慮課題造成的影響力或是沒有進行課題時會造成的負面漣波效應等，所有課題的迫切度與重要度是0與1之間的數值，同時也是相對的數值。

數值越大就代表迫切度與重要度都很高，各自以主觀的方式判斷，因此就算是相同的課題，迫切度與重要度也會因人而異。

• 把各個課題的迫切度與重要度如同下圖一樣填入矩陣空間，矩陣分析❶是筆者的例子。

在此一矩陣中必須優先執行的課題是重要度與迫切度都很高的課題，因此，②

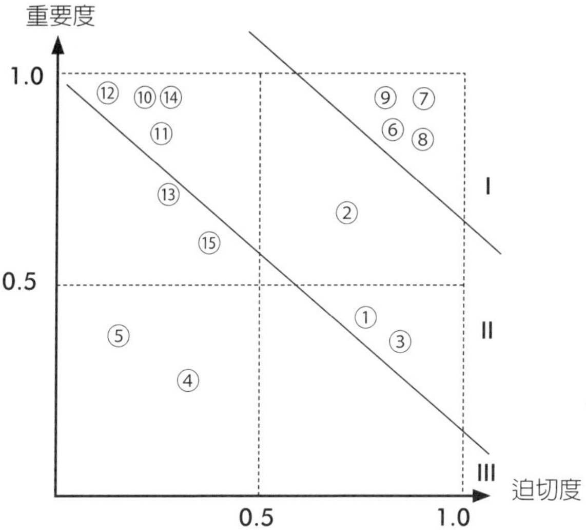

課題優先順序所需要的矩陣分析❷

號、⑥號、⑦號、⑧號、⑨號的優先順序高於其他課題，稍微再深入思考的話，這五項課題可能太多了，它們之間沒有優先順序嗎？這些課題也必須先執行重要度更高、迫切度更高的課題。②號和⑦號課題是同一區，但重要度與迫切度不同。因此，為了考慮這一類的因素篩選課題，不該依照區域來決定優先順序，而是要使用斜線切割區分課題，就和矩陣分析❷一樣。

在這張圖中課題的優先順序是I組最高，之後是II組，然後是III組。同組的課題優先順序依照各自的判斷可能會不一樣，那麼前面的②號、⑥號、⑦號、⑧號、⑨號就不會有相同的順序，雖然⑥號、⑦號、⑧號、⑨號可能是相同的順

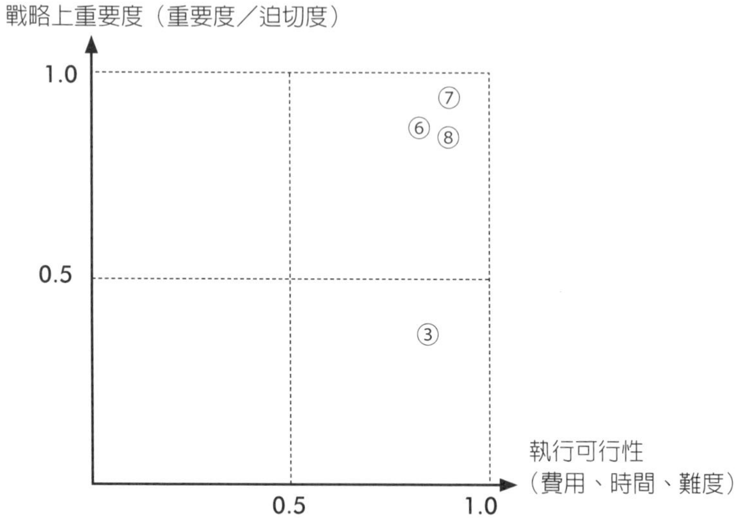

依照執行可行性——戰略上重要度的課題優先順序矩陣

序，但相較於其他四個課題，②號的順序會更低。

也有不把重要度與迫切度放在兩個軸上，同時考慮兩個因素，並且顧及課題執行難度的方法，換句話說，X軸是考慮費用、時間或難度的執行可行性，Y軸是考慮戰略上的重要度與迫切度。

像這樣改變軸後，課題的優先順序也會變不一樣。

費用——效果矩陣的一個軸是考慮時間、投入的金錢、努力等的成本；另一個軸則是考慮執行課題後可獲得的效果。在此一矩陣中須優先執行的課題是I組，因為它們是投入費用相對少且效果高的部分，若是I組內的課題屬於多數，就該再次計較它們之間的費用或效果，優先執行

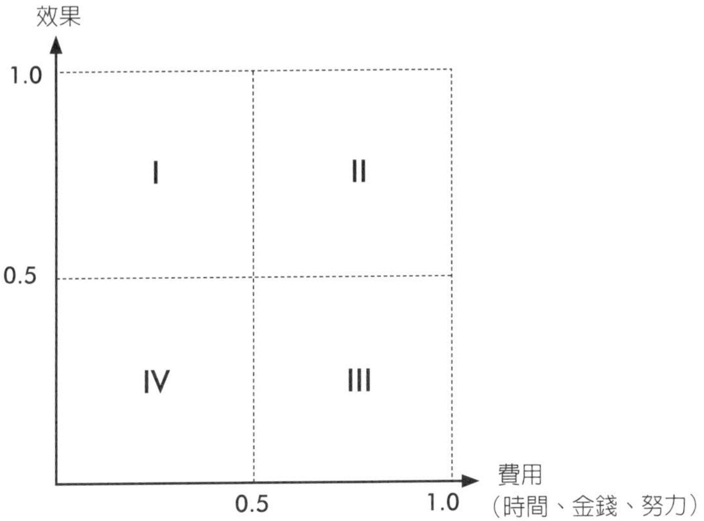

依照費用——效果的課題優先順序矩陣

最具期待的課題。當然I組內也有可能會有優先順序，此時從右上方往左下方畫一條斜線就能決定順序。

當所有課題的優先順序決定好時，就該從第一順位的課題開始依序執行，一般來說若是心急的話，可能就會三心二意不停地換課題，就像是蚱蜢一樣跳來跳去。但這樣會連一項課題都無法順利完成，就算焦慮也要忍住，同時需要練習完成同一項課題後再換另一個課題。

上述的內容或許讀者會不太理解，或者從專業層面上覺得很困難，那麼就算不刻意依照此一方法也無所謂。重要的是，秉持確實的目標，在明確找出可達成的課題後，養成習慣依照順序從重要、迫切的部分開始執行。沒有經歷此一過程，總是走一步算一步以亂七八糟的方式處理，終究會演變成被時間追趕的窘境，同樣的情況若是反覆發生，就會習慣性陷入焦慮。

—後記—

任何事情都會在適當的時期來臨

《孫子兵法》是一本記載如何從戰爭中取得勝利之方法的書，沒有閱讀過這本書且只是片段聽過的人大概會認為那只是一本傳授戰爭致勝技巧的書，但事實上，它是在傳授開戰前先營造能致勝之環境的方法。就如同為了從戰爭中取得勝利需要做好萬全準備一樣，想要擊敗焦慮也需要徹底的準備與長時間的等待，若是在尚未準備好的狀態下匆匆忙忙要控制焦慮，不僅會體驗到失敗，同時還可能陷入更強烈的焦慮枷鎖當中。

據說中國東部有一種名為孟宗竹的竹子，種植後連續四年間都沒有長出竹筍，就如同「雨後春筍」這句話一樣，竹子是一種只要一年就能長得非常高大的植物，不過，孟宗竹經過了四年依舊沒有任何進展，儘管如此，農夫依舊每天在看不見發芽的土地上誠心誠意澆水與花費心思，看見此一情景後，其他地區的農夫紛紛冷嘲熱諷說幹嘛把時間浪費在已經死去的竹子。

但當到了第五年時，孟宗竹終於發芽了，後來竹子每天長了三十公分，六個星期就長成十五公尺。聽說最高的竹子長度是二十八公尺，孟宗竹在地底下四年的期間看起來就像是死去的

狀態，但事實上它在漫長的四年間是在為成長做準備，當時機一到，它就從土裡冒出來迎接快速的成長。

如果當時和宋朝時因為稻子沒有長大而拉稻穗的愚昧農夫一樣，因為好奇孟宗竹的狀況而挖開來的話，會發生什麼情況呢？大概就無法看見十五公尺或三十公尺高的孟宗竹吧。

我們在日常生活中雖然經常會感到焦慮，但焦慮與沒有焦慮的結果其實沒有太大的不同，反而是焦慮時自己的精神或肉體會變疲憊，我們必須牢記這個事實。如果能明白此一事實且控管焦慮的習慣，人生就會更平靜且活得更快樂。

擺脫焦慮的道路大概不會太平坦，說不定需要相當艱辛的努力與漫長的時間。但只要一步一步慢慢向前邁進，總有一天就能從焦慮中獲得解脫，想要擺脫焦慮就不該太急躁。

焦慮是無法擊敗焦慮的，與焦慮徹底斷絕關係的這條路就和「愚公移山」的故事一樣必須一步一步慢慢進行，最後筆者想在此描述一下那篇故事當作結尾。

很久以前，中國河南以北的地區有兩座山，分別是太行山與王屋山，這兩座山的方圓七百里且高萬仞，看起來非常壯觀。那座山的北方住著一名九十歲名為「愚公」的老人，家前面的兩座巨山導致他每次都必須繞遠路，長久以來都讓他感到非常困擾。就這樣有一天，他下定決心要付出行動去挖空那兩座山，他把挖出來的土扔至渤海或隱土北方，因為運送泥土的距離太遙遠了，來回一次就花了半年的時間。

看見此一情景，周遭的人全都指指點點且嘲笑他瘋了，但愚公說自己死後，他的兒子、孫子和後代都會繼續挖山，無論山有多麼高大終將會被挖空的。聽到這個消息的玉皇大帝就幫愚公把兩座山移到北方與西南方，然後終於開通了道路。

善用腦科學減輕焦慮，找回你人生的平衡

당신의 뇌는 서두르는 법이 없다

國家圖書館出版品預行編目（CIP）資料

善用腦科學減輕焦慮，找回你人生的平衡／梁銀雨著；林建豪譯．-- 初版．-- 臺北市：健行文化出版事業有限公司出版：九歌出版社有限公司發行，2021.01

288 面；14.8×21 公分．（i 健康；51）

譯自：당신의 뇌는 서두르는 법이 없다

ISBN 978-986-99083-8-2（平裝）

1. 焦慮　2. 腦部

176.527　　109018927

作　　者——梁銀雨
譯　　者——林建豪
責任編輯——曾敏英
發 行 人——蔡澤蘋
出　　版——健行文化出版事業有限公司
臺北市 105 八德路 3 段 12 巷 57 弄 40 號
電話／02-25776564・傳真／02-25789205
郵政劃撥／0112295-1

九歌文學網　www.chiuko.com.tw

排　　版——綠貝殼資訊有限公司
印　　刷——晨捷印製股份有限公司
法律顧問——龍躍天律師・蕭雄淋律師・董安丹律師
發　　行——九歌出版社有限公司
臺北市 105 八德路 3 段 12 巷 57 弄 40 號
電話／02-25776564・傳真／02-25789205
初　　版——2021 年 1 月
定　　價——380 元
書　　號——0208051
I S B N——978-986-99083-8-2